L'HYPOTHÈSE CINÉMA

PETIT TRAITÉ
DE TRANSMISSION DU CINÉMA
À L'ÉCOLE ET AILLEURS

Du même auteur :

Correspondance new-yorkaise - Les absences du photographe
(co-auteur), Cahiers du cinéma, 1981.
Esthétique du film (co-auteur), Nathan, 1983.
Voyage en Italie, Yellow Now, 1990.
Le cinéma en jeu, Institut de l'image d'Aix-en-Provence, 1992.
Magnum Cinéma, Cahiers du cinéma, 1994.
Nul mieux que Godard, Cahiers du cinéma, 1999.

Conception graphique : studio Nathalie Baylaucq.

Photos de couverture : Où est la maison de mon ami ? de Abbas Kiarostami, (Cellluloïd Dreams).
Les Contrebandiers de Moonfleet de Fritz Lang, coll. D. Rabourdin. Un monde parfait de Clint Eastwood,
© Warner Bros. Kaïrat de Darejan Ormibaev. Los olvidados de Luis Buñuel. Ponette de Jacques Doillon.

ISBN 2-86642-330-5

L'hypothèse cinéma

petit traité
de transmission du cinéma
à l'école et ailleurs

Alain Bergala

CAHIERS DU CINEMA / essais

Je tiens à remercier tous ceux qui m'ont donné l'occasion récente
d'écrire sur ce sujet (*Les enfants de cinéma, Le cinéma cent ans de jeunesse,*
Les dossiers de l'ingénierie éducative, Les ailes du désir, etc.) et tous ceux qui ont
publié des entretiens m'ayant permis de préciser certaines idées.

Je remercie tout particulièrement
Nathalie Bourgeois, à qui cette hypothèse cinéma doit beaucoup par son
travail pédagogique d'avant-garde à la Cinémathèque française,
Anne Huet qui m'a donné l'impulsion et le temps
pour écrire ce livre,
Claudine Paquot qui a pris la balle au bond avec enthousiasme.

A Serge Daney, Philippe Arnaud et Alain Philippon,
qui ont été accompagnés toute leur vie de passeurs,
par leur enfance de cinéma.

I - L'EXPÉRIENCE A ÉTÉ PROFITABLE

Je considère comme une chance, plutôt rare dans une vie, de se voir un jour proposer de mettre en œuvre les idées issues de plus de vingt ans de réflexion, d'expériences et d'échanges dans un domaine aussi ingrat que celui de la pédagogie, où tout le monde, toujours, recommence à zéro, et où les acquis de l'expérience se capitalisent en général assez peu, surtout dans un champ minoritaire comme celui du cinéma. Quand Jack Lang, en juin 2000, m'a invité à rejoindre un petit groupe de conseillers qui allait mettre en place un projet d'éducation artistique et d'action culturelle dans l'Education nationale, (qui s'appelle aujourd'hui la Mission[1]), mon premier réflexe a été de refuser et de penser que pour ce genre de poste il fallait des qualités, qui n'ont jamais été les miennes, de politique et d'homme d'institution. Si j'ai fini par accepter, c'est en me rendant aux arguments de tous les amis consultés, qui m'ont dit à ce moment-là que je n'avais pas le droit de me dérober puisque pour une fois, précisément, le politique faisait appel et confiance à quelqu'un qui ne venait pas du sérail des personnels ministériels, et pour son seul capital d'expérience et de réflexion dans le domaine concerné. Ces deux années de travail m'ont permis de prendre la mesure de la difficulté qu'il y a de transformer des idées et des convictions en réalité. J'ai eu à faire l'expérience de toutes les forces d'inertie, dans l'institution et hors de l'institution, qui s'opposent sourdement à ce que les choses bougent, et ceci sans véritable désaccord d'idées ni propositions alternatives, juste parce qu'elles se sentent immédiatement menacées par tout ce qui change. Ce sont les plus désespérantes parce qu'impossibles à convaincre. Ces deux années m'ont aussi donné, heureusement, le réconfort de me sentir soutenu dans des choix souvent radicaux par un homme de conviction, animé quant à lui d'une volonté sans faille de faire bouger les choses dans ce domaine de l'art à l'école, sur la base d'une hypothèse forte et absolument novatrice dans l'Education nationale. Jack Lang n'est pas un homme facile à convaincre, car il est capable de résister longtemps à une idée tant qu'il n'en ressent pas profondément le bien-fondé, mais dès lors que cette idée lui paraît juste et justifiée, son soutien est total ; il est le premier à encourager sa mise en œuvre et à en attendre avec confiance et vigilance les premiers effets dans la réalité. L'autre encouragement de taille est venu de la réponse des enseignants à cette proposition ministérielle qui aurait pu, après tout, se révéler être un besoin imaginaire : la preuve a été faite qu'un grand nombre d'enseignants n'attendaient que cette impulsion ministérielle pour s'en emparer, changer quelque peu les conditions d'exercice de leur métier en ouvrant leur classe à cette chose radicalement « autre », l'art, et en s'ouvrant eux-mêmes à une autre façon d'être présents dans la relation pédagogique, de dialoguer avec leurs élèves.

Mais au fond, en ce qui me concerne, j'ai le sentiment d'avoir trouvé l'énergie d'entreprendre ce « plan cinéma » avant tout pour ces enfants qui doivent être aujourd'hui à peu près dans la situation où j'ai été dans l'enfance : non-héritiers, éloignés de la culture, en attente d'un improbable salut, sans grandes chances sociales de s'en sortir sans l'école et un objet d'élection à quoi se raccrocher. J'ai été immédiatement touché, dès les premiers films de Kiarostami, par la façon dont ses petits héros se fixent sur un objet, une obsession, pour se sauver dans un monde où leur seule chance d'exister est de résister à partir d'une passion personnelle.

Tous ceux pour qui le cinéma a compté dans la vie, non comme un simple passe-temps mais comme un élément essentiel de leur constitution, et qui ont su très tôt que c'est à cet art qu'ils consacreraient, d'une façon ou d'une autre, leur vie, ont tous en tête une autobiographie imaginaire qui est celle de leur vie de cinéma. Dans mon roman personnel, j'ai été sauvé deux fois : par l'école et par le cinéma.

L'école, d'abord, m'a sauvé d'un destin de villageois qui n'aurait jamais dû avoir accès à la vie ni à la culture d'adulte qui allaient devenir les miennes. J'ai assisté – comme dans un film de Bergman où le personnage regarde, légèrement en retrait, invisible, une scène où sa vie bascule – à un dialogue entre ma mère et un instituteur qui était en train de la convaincre que je devais « aller en sixième ». Sans cet instituteur, mon horizon se serait borné pour toujours. La bonne vieille école de la République m'a permis ensuite de ne plus être à la charge de mes parents en entrant comme interne, en Seconde, dans une école normale d'instituteurs, puis, grâce aux IPES, de poursuivre des études universitaires.

Le cinéma est entré dans ma vie, au cœur d'une enfance triste et angoissée, comme quelque chose dont j'ai su très tôt que ce serait ma planche de salut. Rien ni personne ne me l'a désigné, je ne le partageais pas avec quiconque (ni adulte ni enfant de mon âge), mais je m'y accrochais comme à une bouée de sauvetage. Tout en ayant le sentiment de n'avoir aucune des clés qui pourraient jamais me donner accès à cet univers que j'avais sans doute choisi pour être le plus éloigné de mes conditions d'existence et le plus inaccessible. La chance a voulu que dans mon village d'enfance, il y ait eu trois salles de cinéma (*Le Rex* et *Le Palace* sur la place principale, et *L'Eden*, un peu décentré, en face de la gare des cars, où passaient les grands films américains) et que ma situation familiale ait fait que j'ai pu aller seul, chaque dimanche après-midi, voir en toute liberté le film de mon choix, film dont je ne parlais rigoureusement jamais à personne. C'est là que je fus saisi, devant *La traversée de la Mer rouge* dans *Les Dix commandements* de Cecil B. DeMille, par la certitude que le cinéma me concernait et concernerait dorénavant ma vie. Cette révélation intime devait me conduire beaucoup plus tard vers le cinéma le plus éloi-

gné qui soit de la grandiloquence de cette imagerie biblique hollywoo-
dienne, celui de Rossellini ou de Godard. J'ai découvert il y a quelques
années seulement, en recueillant les textes du livre *Cet enfant de cinéma que nous
avons été*[2], que ce même film, dont je croyais bien sûr être l'unique « mira-
culé », avait joué un rôle de big-bang identique chez d'autres petits garçons
de ma génération, qui en avaient fait, eux, aussi, leur point de départ imaginaire vers le continent cinéma. Avec le recul, il me semble clair aujourd'hui
que cette « élection » du cinéma comme objet farouchement « à moi », non
partageable, était une façon de refuser ce que mon père essayait de me transmettre (qui était à l'opposé du cinéma, du côté de la chasse, du braconnage,
de la vie des bois), et de choisir moi-même ce qui me sauverait.

Puis vint l'époque tant espérée des études à Aix-en-Provence, la première
vraiment heureuse de ma vie, après les années d'errance varoise avec ma
mère dans l'enfance et d'exil en internat à l'adolescence. J'y ai donné beaucoup plus de temps à la cinéphilie qu'aux études de lettres. J'y ai vu chaque
année plus de 300 films, et commençai à animer des soirées au Ciné-club
de la ville, qui possédait une très riche bibliothèque de cinéma. C'était
l'époque où l'amour du cinéma passait encore par le désir et le besoin d'avoir
vu tous les films, et par la pulsion prosélyte de communiquer à d'autres
cette passion. Je partageais ma cinéphilie, pour la première fois, avec un petit
groupe de purs et durs, aimant le cinéma par-dessus tout, en faisant la
pierre de touche de tout ce qui les entourait, y consacrant beaucoup de temps
et d'énergie. Cinéphilie exacerbée par le sentiment d'être un peu exilé en
province pendant que les cinéphiles parisiens pouvaient accéder à volonté
tous les films que nous rêvions de voir, et dont parlaient les mythiques *Cahiers
du cinéma* dont nous guettions chaque mois, fébrilement, l'arrivée aléatoire
dans les rayons d'une librairie du Cours Mirabeau. C'est au cours de cette
vie d'étudiant que j'ai rencontré, tardivement, mes premiers « passeurs »,
à Aix-en-Provence, d'abord en la personne d'Henri Agel qui y enseignait
alors et dont on sait le nombre de vocations qu'il a suscitées ou confortées,
et lors de stages organisés par les fédérations de ciné-clubs encore floris-
santes comme ceux, fameux, de Pézenas ou de Marly-le-Roi, où je rencontrai
pour la première fois Jean Douchet lors d'une rétropective d'une tren-
taine de films de John Ford, dont les génériques s'enchaînaient dans l'ordre
chronologique comme dans un rêve pendant une semaine où, coupés du
monde, nous avons vu John Wayne vieillir de film en film et devenir de
plus en plus magnétique en en faisant de moins en moins. C'est aux
Rencontres d'Avignon que je croisai pour la première fois, très intimidé,
les rédacteurs des *Cahiers du cinéma*, qui me semblaient appartenir à une
caste inaccessible. Pascal Bonitzer était celui dont le « tranchant » me ter-
rorisait le plus. J'étais encore loin de pouvoir imaginer qu'un jour j'aurais

l'audace d'écrire dans cette revue, à côté de ces signatures à mes yeux si prestigieuses.

Par la suite, j'enseignai deux ans au Maroc, où il me fut donné de rencontrer Roland Barthes qui me guida, à mon retour à Paris, vers le Séminaire de Christian Metz où je devais rester des années sans soutenir le moindre diplôme, autant par admiration de son humanité d'enseignant que pour le contenu même de son enseignement. C'est aussi lors de mon atterrissage difficile à Paris, où je n'avais jamais vécu, qu'Ignacio Ramonet, qui venait lui aussi de rentrer du Maroc, me proposa d'écrire mes premiers textes dans la page cinéma du *Monde Diplomatique* dont il avait la récente responsabilité.

Je devais par la suite partager ma vie non privée (avec plus ou moins de tensions et de bonheurs entre ces trois activités nécessaires à mon équilibre et à mon déséquilibre) entre l'écriture et l'édition aux *Cahiers du cinéma* (où me fit entrer, par une petite porte, Jean-Louis Comolli au cours de la terrible période maoïste de la revue), la réalisation de films (je réalisai le rêve pour moi le plus inavouable de l'enfant que j'avais été : tourner des longs métrages de fiction) et la transmission du cinéma.

Cette troisième voie de la transmission du cinéma commença par l'expérience pédagogique fondatrice du CEC de Yerres[3], où je pus mener à bien pendant deux ans, en grandeur nature, dans des conditions presque idéales et avec une équipe d'enseignants enthousiastes, un projet d'initiation au cinéma dans des classes de sixième et de cinquième. J'y réalisai un premier outil destiné à l'approche du récit cinématographique en forme de jeux de diapositives, outil dont j'avais éprouvé le manque dans ma propre pratique pédagogique et qui s'est avéré répondre, à l'époque, à un besoin général qui lui valut une large diffusion et un grand nombre d'utilisateurs un peu partout en France. Certains m'en parlent encore, plus de vingt ans après, avec nostalgie.

Cette expérience de Yerres m'ouvrit une autre petite porte, à l'université cette fois : Michel Marie me proposa, comme chargé de cours, un enseignement sur cette question de la pédagogie du cinéma à Paris III, où je devais revenir, deux décennies plus tard, après un long détour par les universités de Lyon 2 et de Rennes 2. L'enseignement du cinéma à l'université a toujours été pour moi un rendez-vous nécessaire et régulateur, auquel je me consacre avec un réel plaisir et le goût d'aider certains étudiants – pas forcément les « meilleurs » – à se trouver en cinéma, même si c'est parfois très loin de leur rêverie d'origine. L'enseignement universitaire n'a pas dévalué à mes yeux le mode de transmission que je n'ai jamais cessé de pratiquer avec le public provincial et mélangé des salles de cinéma, sous la forme de stages ou autres week-ends de cinéma, et qui me semble avoir remplacé, depuis pas mal de temps déjà, celui des ciné-clubs.

Malgré cette triple activité, qui aurait dû me protéger de toute « image de marque » exclusive ou trop réductrice, j'ai mesuré une fois de plus, au cours de ces deux ans passés à la Mission combien le poinçon de l'appartenance aux *Cahiers* était indélébile, même plus de quinze ans après. Il est vrai que je suis resté jusqu'à ce jour un compagnon de route fidèle de la revue, qui a été le lieu où j'ai le plus appris, et pas que sur le cinéma, où j'ai senti ce que peut être une transmission par contagion en écoutant Serge Daney ou Jean Narboni parler interminablement des films qu'ils venaient de voir, même si ces dialogues ne s'adressaient pas directement à moi et que je les écoutais souvent « de biais », tout en travaillant à autre chose. J'ai tout de même pensé, naïvement, que l'on me ferait crédit, lors de cette mission au ministère de l'Education, de n'avoir jamais écrit que sur les films que j'aimais, d'avoir ouvert la revue à un peu d'air extérieur en allant rencontrer et interviewer sur les tournages techniciens et acteurs, bref de ne pas coller tout à fait à la caricature du rédacteur des *Cahiers* sectaire et coincé dans sa cinéphilie en chambre. Mais les mythes ont la vie dure. Comme toujours, l'appartenance à une instance symbolique forte l'emporte sur ce que l'on y a réellement fait : cette marque de famille a joué une fois de plus dans ma vie comme une distinction valorisante (pour certains) et une marque d'infamie (pour d'autres). Pour les uns comme pour les autres, d'ailleurs, cette appartenance relève également du fantasme : une épouse de cinéaste a même écrit au ministre pour dénoncer le fait que je n'avais pas répondu assez vite à son courrier en imputant ce manquement à mon « devoir » à une vieille haine dont j'aurais toujours fait preuve à l'égard de son mari en tant que critique. Il s'agissait évidemment d'un cinéaste dont j'apprécie plutôt les films et sur lequel je n'ai jamais écrit une ligne. Quiconque a travaillé de façon quelque peu durable aux *Cahiers*, et quoi qu'il y ait écrit, est suspect à vie d'intellectualisme et de dogmatisme sectaire, que ce soit à l'Avance sur recettes ou dans les repas ministériels avec des cinéastes que la revue n'a pas vraiment soutenus. Ce n'est pas de tout repos lorsque l'on est censé assumer un rôle nouveau (pour moi en tout cas) où l'on doit répondre à des demandes de toutes sortes, arbitrer des propositions, mais aussi solliciter des concours et des collaborations. Je sais gré à Jack Lang de m'avoir confié cette mission en toute connaissance de cause, sans craindre que cette étiquette « Cahiers » ne constitue un handicap pour sa politique d'entrée du cinéma comme art à l'école.

Ce moment-là, fin 2000 début 2001, où Jack Lang a lancé avec Catherine Tasca le Plan dit « de cinq ans » pour introduire l'art à l'école autrement qu'il ne l'avait jamais été, et où je me suis vu confier la tache de penser dans ce cadre un projet pour le cinéma, n'était pas indifférent par rapport au cinéma lui-même. La culture du spectateur était en train de changer à grande vitesse avec l'arrivée des multiplexes et des cartes d'abonnement, et avec le nouveau mode de rapport au film que commençait timidement à introduire le DVD. La concentration de plus en plus grande des réseaux de distribution et d'exploitation laissait se profiler un état de l'offre cinématographique où un tiers du parc des salles françaises finirait par diffuser le même mercredi, à la même séance fatidique de quatorze heures, le même film dans des milliers de salles en même temps, laissant de moins en moins de chance aux films moins bien nantis (en atout de séduction commerciale et en budget de sortie) de rencontrer leurs spectateurs. Où la concurrence entre deux films se jouait parfois à 1500 copies contre 3. Cette concentration des flux d'argent et des synergies de coproduction cinéma-télévision allait faire que le cinéma français, globalement, se porterait mieux, ses entrées augmentant de façon notable, mais avec le danger galopant d'une normalisation « par le haut » de la production, imposant un « modèle de réussite » applaudi par tous, et plutôt efficace, au détriment cependant des « petits » films et des films de création. Ce système encourage, avec la bénédiction générale, les gros films nationaux « qui marchent » à écraser de plus en plus les petits, sans vrais remords, au nom de la résistance générale du cinéma français, sur le territoire national, aux blockbusters américains. Dans cette résistance, hélas, il s'agit souvent de mimer l'ennemi, au point de ne plus très bien savoir qui l'on est soi-même, comme dans les films de Fritz Lang (je pense à *Man Hunt*) où il faut se déshumaniser, perdre son âme, adopter les armes de l'ennemi pour s'attaquer efficacement à lui. Il est vrai que l'exception du système français (Avance sur recettes, etc.), permet encore aux petits films de se faire, même si ce n'est pour ne leur laisser ensuite pratiquement aucune chance d'exister de façon significative dans les salles. Le réseau des salles indépendantes, d'Art et d'essai et de Recherche, qui est depuis longtemps le principal diffuseur de ces films minoritaires, commençait à prendre la mesure de ces changements et de la difficulté grandissante qu'il y aurait dorénavant à maintenir l'intérêt et la curiosité du public pour un cinéma de création condamné à survivre dans ces conditions nouvelles.

Les données techniques du cinéma étaient aussi en pleine mutation avec le passage de plus en plus irréversible de l'analogique au tout-digital. Deux phases de la vie d'un film résistent encore un peu au digital aujourd'hui : le tournage de la plupart des films et la diffusion en salle, les deux seules étapes où l'image des films est encore analogique et inscrite sur support chimique. Même si certains films se tournent déjà en caméra numérique à très haute définition et si la projection en digital dans les salles est pour demain. Pour tout un chacun, cette mutation du digital s'est traduite par l'arrivée sur le marché des mini caméras DV et des premiers programmes de montage qui font maintenant partie de la panoplie des logiciels standards proposés dès l'achat de l'ordinateur par les fabricants. Les implications de cette généralisation du digital constituent une petite révolution dans les rapports de l'école au cinéma : pour la première fois dans l'histoire de la pédagogie, on pouvait disposer d'un matériel léger, ultra-simple d'utilisation et relativement peu coûteux.

Le DVD, enfin, dont le standard commençait à s'imposer sur le marché grand public, induisait de nouveaux rapports au film. La facilité et la vitesse d'accès que le DVD donne aux différentes plages et « bonus » est en train de changer le rapport que l'on peut avoir chez soi à la fréquentation des films. Le VHS était fait essentiellement pour voir ou revoir un film, chez soi, comme si le film passait à la télévision, avec la possibilité supplémentaire de choisir son programme, l'heure de ce programme, et d'interrompre à volonté le déroulement du film pour faire une pause avant de poursuivre la projection. Le DVD a facilité une autre envie, en passe de constituer une nouvelle pratique de spectateur, celle de regarder « un morceau » du film, celui dont on a envie ce soir-là, et peut-être un autre demain. Ou encore de visionner telle scène du début et aussitôt après une scène qui se situe quarante minutes plus loin dans la continuité du film. Les cinéphiles ont toujours été fétichistes avec le film, le DVD permet à tout un chacun de goûter au fétichisme du « morceau » de film. Les exploitants de cinéma ont pu craindre, un moment, que le « home-cinéma », comme disent les fabricants de matériel, avec sa qualité technique (qualité des copies, du support et de la diffusion à domicile) allait enlever des spectateurs au cinéma en salles, étant donné aussi le raccourcissement des délais de diffusion entre la sortie salle et la sortie DVD. Il semble aujourd'hui que ces craintes aient été non fondées, et que les spectateurs qui achètent les DVD d'un film sont ceux qui sont allés le voir en salle lors de sa sortie. On sait depuis longtemps que ceux qui vont au concert sont ceux qui achètent le plus de disques et que ceux qui fréquentent les musées sont ceux qui achètent les livres d'art. Un jour viendra peut-être où l'on achètera le film en DVD à la caisse du cinéma, en sortant de la salle, pour faire un autre usage plus personnel, chez soi, du film.

Ce moment de crise et de mutation de tout ce qui constitue une culture globale de cinéma : le spectateur, le rapport aux films, les techniques, l'économie - était le moment idéal pour formuler une hypothèse neuve, qui essaierait de prendre en compte tout ce qui était en train de changer, à vue, dans ce domaine du cinéma. Mais aussi dans celui de l'école : quelque chose a basculé dans les rapports de transmission que l'on peut pointer comme une rupture de trame. Le bon vieux conflit des générations, qui n'était en fait qu'une opposition passagère entre les fils et les pères pour permettre aux fils d'exister comme génération nouvelle, n'a jamais empêché que se tisse malgré tout une culture commune et continue entre les pères et les fils. C'est visiblement autre chose, de plus grave, qui met en crise depuis plusieurs années les rapports de transmission hors des milieux bourgeois traditionnels : une rupture de trame beaucoup plus radicale. Des cultures « jeunes » (produites en partie par les médias et où le cinéma joue un rôle décisif de modélisation) se sont constituées comme des cultures fortes, mais sur la base d'un enfermement sur des valeurs communautaires fermées, autant en opposition aux valeurs culturelles de leur milieu d'origine qu'à celles véhiculées par l'école.

J'étais moi-même engagé, lorsque j'ai pris en charge cette mission, dans une triple pratique de transmission du cinéma, sans parler de ma vie de globe-trotter hexagonal dans les salles de cinéma et les stages de tout poil. A l'université d'abord, où j'essaie depuis des années de jeter les bases d'une analyse du film qui serait centrée sur l'acte de création. Dans le dispositif « École et cinéma »[4], pour lequel je venais de rédiger plusieurs cahiers pédagogiques sur mes films de prédilection (*Les Contrebandiers de Moonfleet*, *Où est la maison de mon ami ?*, entre autres), et qui a coproduit mes deux cassettes du *Cinéma, une histoire de plans*, où j'essayais de mettre en œuvre une lecture ouverte, multiple et vivante du fragment. À la Cinémathèque française, enfin et surtout, où je participais depuis 1995 à une expérience d'avant-garde pédagogique, baptisée « Cinéma cent ans de jeunesse »[5], qui a été le véritable laboratoire et le prototype, à mes yeux, de ce que j'allais proposer pour les classes à projet artistique cinéma, dites « classes à PAC cinéma ».

J'ai découvert à l'occasion de la mise en œuvre de ce plan pour l'art à l'école qu'un ministre n'est pas forcément obéi, même dans ses directives les plus nettes, et que la descente d'un concept à travers tous les étages et filtres de la hiérarchie peut faire que même le plus clair et le plus vif des messages soit transformé à l'arrivée, sur le « terrain », comme on dit, en bouillie pour les chats, quand ce n'est pas en son contraire. Pour qu'une idée ou une conviction réussisse à garder un tant soit peu de son caractère novateur, de ses couleurs et de sa luminosité après avoir traversé tous ces filtres gris - comme on dit en prise de vues - il faut qu'elle soit particulièrement radicale et concentrée au départ. Les traductions successives se chargeront de toutes façons de ternir son éclat initial, de la dévoyer, sinon carrément de la dégrader. C'est une des raisons à l'origine de l'envie et du besoin d'écrire ce livre : revenir, après un an et demi de bagarres (dans et hors l'institution), d'explications et de prosélytisme, à quelques principes qui ont guidé cette action, pour les réaffirmer dans leur vigueur initiale après leur passage par l'épreuve de la réalité, car je les crois toujours valables et porteurs d'un grand potentiel de transformation. Dans ce domaine comme partout ailleurs, les vraies mutations ont lieu quand quelque chose, dans le symbolique, a d'abord basculé : la réalité finit toujours par suivre, même si elle traîne un peu ou beaucoup des pieds. C'est là, dans l'ordre du symbolique, que sont les vrais verrous et les vraies résistances. De ce point de vue, il n'est pas toujours mauvais de « mettre la charrue avant les bœufs », c'est peut-être même la seule façon, dans la lourde machine Éducation nationale, de faire bouger les choses. Si on commence sagement par les bœufs, ils risquent d'être trop vieux pour tirer la charrue lorsqu'elle arrivera enfin, à un moment où la société civile en sera déjà depuis longtemps aux tracteurs. Dans ce domaine du cinéma, quel que soit l'avenir et l'évolution du plan pour les arts à l'école, quelque chose a bougé, dans le symbolique, qui en valait la peine, et dont a bénéficié l'idée même de légitimité du cinéma comme art à l'école. Des productions et des changements de mentalité en témoignent déjà.

En pédagogie des arts, il y a les grands principes généraux et généreux : réduire les inégalités, révéler chez les enfants d'autres qualités d'intuition, de sensibilité, développer l'esprit critique, etc. Il est du rôle d'un ministre de les affirmer fermement et sans cesse. À la base, du côté de l'expérience pédagogique concrète, il y a le discours des praticiens qui se heurtent chaque jour à la réalité, pris entre les résistances de la hiérarchie et les difficultés rencontrées en classe, que chacun essaie de résoudre pragmatiquement, avec plus ou moins de gratifications personnelles et professionnelles. Ce qui manque le plus, dans ce domaine de la pédagogie de l'art, c'est une pensée entre les deux, une pensée tactique qui serait convaincue des grands principes qui la guident — disons les grands objectifs de l'école laïque, toujours à défendre et plus que jamais à l'ordre du jour — et qui serait vigilante aussi bien sur les difficultés de traduction réelle de ces idées générales dans la pratique pédagogique que sur la validité des discours trop pragmatiques. Car si la bonne volonté et l'enthousiasme n'ont pas fait pas défaut, en tout cas du côté du ministre et du côté des enseignants (entre les deux c'est autre chose), on sait bien qu'en pédagogie il est toujours très difficile de contrôler tous les dérapages possibles qui peuvent finir par dévoyer le sens de ce que l'on a entrepris, même avec conviction et générosité. Il faut questionner tous les pragmatismes qui finissent en recettes où plus personne ne mesure très bien ce que l'on est en train de faire et pourquoi on le fait, surtout si ça a l'air de « marcher ». En pédagogie plus qu'ailleurs il faut se méfier en permanence du critère de « ce qui marche », et qui n'est jamais une validation suffisante car la mondialisation marche, le commerce marche, les médias marchent, la division du travail marche, la démagogie marche, mais est-ce vraiment cela que nous voulons transmettre et reproduire ?

Toute pédagogie doit être adaptée aux enfants et aux jeunes qu'elle vise, mais jamais au détriment de son objet. Si elle ne respecte pas son objet, si elle le simplifie ou le caricature à outrance, même avec les meilleures intentions pédagogiques du monde, elle fait du mauvais travail. Surtout au cinéma où les enfants n'ont pas attendu qu'on leur apprenne, comme on dit, à « lire » les films pour en être des spectateurs qui se vivent comme tout à fait compétents, et satisfaits, avant même tout apprentissage. La cause première de tous les dangers est souvent la peur (légitime) des enseignants qui n'ont jamais reçu de formation spécifique dans ce domaine et qui s'accrochent à des courts-circuits pédagogiques rassurants mais qui trahissent à coup sûr le cinéma. Ces courts-circuits relèvent presque toujours du film comme producteur de sens (l'auteur a choisi cet angle ou ce cadre pour signifier ceci) ou, dans les moins pires des cas, d'émotion. Ce qui est décisif, j'en suis de plus en plus convaincu, ce n'est même pas le « savoir » de l'enseignant sur le cinéma, c'est la façon dont il se saisit de son objet : on peut parler très simplement, et sans craintes, du cinéma, pour peu que l'on adopte la bonne posture, le bon rapport à cet objet cinéma. C'est la visée principale de ce livre d'en convaincre qui veut l'entendre, et de l'y aider s'il en a le désir. Et de tirer toutes les conséquences, immenses - que l'on ne fait encore pour le moment qu'entrevoir tant cela est une petite révolution en pédagogie - de considérer véritablement le cinéma comme un art.

1. La Mission de l'éducation artistique et de l'action culturelle, animée par Claude Mollard et dirigée par Jean-François Chaintreau, s'est constituée pour mettre en œuvre, au sein de l'Education nationale, la politique définie par Le Plan de cinq ans pour le développement des arts et de la culture à l'école, annoncé conjointement le 14 décembre 2000 par les deux ministres de La Culture et de l'Education, Catherine Tasca et Jack Lang.

2. Cet enfant de cinéma que nous avons été, Institut de l'Image d'Aix-en-Provence, 1993.

3. Le Centre éducatif et culturel de la vallée de l'Yerres, a été un lieu expérimental, mis en place en 1968, un « Centre intégré » dont le principe, initié par Malraux, était de regrouper dans un même ensemble architectural un Collège et des équipements culturels, sportifs et socio-éducatifs travaillant en concertation. L'expérience que j'ai pu y conduire, depuis le Centre d'Action Culturelle, en direction du Collège Guillaume Budé a fait l'objet de deux publications · Pour une pédagogie de l'audio-visuel (éditions de La Ligue de l'enseignement, 1975), et Initiation à la sémiologie du récit en images (éditions de La Ligue de l'enseignement, 1977).

4. Les enfants du cinéma est une association, née en 1994, chargée par les ministères de la Culture et de l'Éducation nationale de mettre en oeuvre le dispositif national École et cinéma.

5. Le cinéma cent ans de jeunesse est un dispositif pédagogique expérimental, créé en 1995, coordonné par le Département pédagogique de la Cinémathèque française, et animé par Nathalie Bourgeois.

II - L'HYPOTHÈSE

La grande hypothèse de Jack Lang sur la question de l'art à l'école a été celle de la rencontre avec l'altérité. On a vu cette chose étrange : un ministre de l'Education nationale proposer de faire entrer l'art à l'école comme quelque chose de radicalement autre, et qui serait nécessairement en rupture avec les normes de l'enseignement et de la pédagogie classique, instituées. Cette hypothèse a eu le courage de distinguer l'éducation artistique de l'enseignement artistique - ce qui n'a pas manqué de perturber les enseignants des disciplines artistiques traditionnelles -, et d'affirmer ceci : l'art, sans être amputé d'une dimension essentielle, ne saurait relever du seul enseignement, au sens traditionnel de discipline inscrite au programme et dans l'emploi du temps des élèves, confiée à un enseignant spécialisé recruté par concours. Elle tire sa force et sa nouveauté de la conviction que toute forme d'enfermement dans cette logique disciplinaire en réduirait la portée symbolique et la puissance de révélation, au sens photographique du terme. L'art, pour rester art, doit rester un ferment d'anarchie, de scandale, de désordre. L'art est par définition semeur de trouble dans l'institution. Il ne peut se concevoir pour les élèves sans expérience du « faire » et sans contact avec l'artiste, l'homme de métier, comme corps « étranger » à l'école, comme élément heureusement perturbateur de son système de valeurs, de comportements et de ses normes relationnelles. L'art ne doit être ni la propriété, ni la chasse gardée d'un prof spécialiste. Il doit être une expérience d'une autre nature, dans l'école, que celle du cours localisé, aussi bien pour les élèves que pour les enseignants. Cette idée forte et neuve n'a d'ailleurs pas manqué de provoquer remous et résistances au sein de l'appareil Education nationale, à tous les échelons de la hiérarchie. L'institution a par nature tendance à normaliser, à amortir, voire à absorber cette part de danger que représente la rencontre avec toute forme d'altérité, pour se rassurer, et rassurer ses agents.

Jean-Luc Godard, dans l'autoportrait cinématographique intitulé J-L G / J-L G, chuchote : « Car il y a la règle, et il y a l'exception. Il y a la culture, qui est de la règle, et il y a l'exception, qui est de l'art. Tous disent la règle, ordinateurs, T-shirts, télévision, personne ne dit l'exception, cela ne se dit pas. Cela s'écrit, Flaubert, Dostoïevski, cela se compose, Gershwin, Mozart, cela se peint, Cézanne, Vermeer, cela s'enregistre, Antonioni, Vigo. »
On pourrait dire, dans le droit fil de ce texte : L'art, cela ne s'enseigne pas, cela se rencontre, cela s'expérimente, cela se transmet par d'autres voies que le discours du seul savoir, et parfois même sans discours du tout. L'affaire de l'enseignement c'est la règle, l'art doit y gagner une place d'exception. Jack Lang a tenu bon entre son rôle de ministre (garant de l'institution et de son ordre), et sa conviction que l'art doit rester une expérience « à part » dans

l'école, par laquelle les élèves doivent se frotter à son altérité radicale. Il s'est efforcé de maintenir tendue cette contradiction entre institution et altérité. Même si elle fragilise de fait, inévitablement, la mise en œuvre et la généralisation de ce projet, dans la mesure où la seule voie de légitimation de toute discipline ou de tout domaine, dans l'Education nationale, reste le programme et les concours de recrutement. Dans cette même logique, Lang a tenu à ce que l'initiative de conduire une classe artistique reste le fait d'un engagement personnel, volontaire, des enseignants qui en expriment le désir, quelle que soit leur discipline par ailleurs.

J'ai été personnellement, en tant qu'enseignant à l'université, vivement interpellé par les étudiants en cinéma considérant qu'il était scandaleux que leurs études spécialisées ne leur ouvrent pas les portes à une forme de professorat de cinéma. Il réagissaient à ce moment-là au nom de la cohérence du système scolaire qui les a formés jusqu'ici, où « enseignement » égale « concours et professeur spécialisé », sans se demander si c'était en soi une bonne chose pour l'art qu'ils ont choisi, que de le « caser », à tous les sens du terme, dans un enseignement de type traditionnel. La seule réponse honnête qui pouvait leur être faite était qu'il leur appartiendrait peut-être de chercher une autre façon d'apporter leurs compétences en cinéma dans l'école que de devenir à vie des professeurs-de-cinéma. Certains ex-étudiants de cinéma, qui s'étaient déjà un peu frottés au monde du travail dans le cinéma, s'y sont engagés dès la première vague des classes à projet artistique.

Finalement, la seule question de fond qui vaille vraiment la peine d'être posée est la suivante : une institution comme celle de l'Education nationale peut-elle prendre en compte l'art (et le cinéma) comme un bloc d'altérité ? Je ne parle évidemment pas ici des lourdeurs administratives d'un appareil de cette taille et de cette tradition, mais de la véritable aporie que constitue ce projet pour l'institution. Est-ce à l'école de faire ce travail ? Est-elle bien placée pour le faire ? Une réponse s'impose : l'école, telle qu'elle fonctionne, n'est pas faite pour ce travail, mais elle est en même temps aujourd'hui, pour le plus grand nombre d'enfants, le seul lieu où cette rencontre avec l'art peut se faire. Elle se doit donc de le faire, quitte à bousculer quelque peu ses habitudes et sa mentalité. Car à la plupart des enfants, si l'on excepte les « héritiers » au sens de Bourdieu, la société civile ne propose déjà plus que des marchandises culturelles vite consommées vite périmées, et socialement « obligatoires ». Les opposants de l'art à l'école font souvent la fine bouche en proclamant que tout ce qui vient de l'école est entaché d'obligation et ne saurait donc convenir à l'approche de l'art qui devrait relever d'une douce liberté individuelle. Ils ne parlent jamais de l'obligation à voir les films que nous fabriquent chaque semaine les grands réseaux de distribution et le matraquage médiatique. Si la rencontre du cinéma comme art ne se passe pas à l'école, il y a beaucoup d'enfants pour qui elle risque fort de ne se passer nulle part. Je ne sais toujours pas si l'Éducation nationale peut prendre en compte l'art comme bloc d'altérité, mais je reste convaincu qu'elle le doit, et que l'école à sa base, elle, le peut.

Cette hypothèse générale sur l'art à l'école, impulsée par le ministre pour l'ensemble des arts concernés, impliquait de faire un état pédagogique des lieux par domaine. En ce qui me concerne, il m'a fallu d'abord revisiter les perspectives dans les rapports, déjà très anciens du cinéma et de la pédagogie[1]. Le cinéma y a longtemps été approché, prioritairement, comme un langage et un vecteur d'idéologie. J'ai moi-même largement contribué à une pédagogie de type langagier, mais toujours avec une extrême méfiance à l'égard des approches visant avant tout, au nom du développement de l'esprit critique, à la fameuse « riposte idéologique », au détriment de la spécificité du cinéma. Depuis plusieurs années, je militais en paroles et en produisant des outils un peu différents[2], pour l'idée qu'il était temps de renverser les perspectives et de considérer en priorité le cinéma comme art. Un colloque toulousain, en 1992, m'avait déjà donné l'occasion de clarifier cette idée : « Peut-être faudrait-il commencer à penser - mais ce n'est pas le plus facile pédagogiquement - le film non pas comme un objet, mais comme trace finale d'un processus créatif, et le cinéma comme art. Penser le film comme la trace d'un geste de création. Pas comme un objet de lecture, décodable, mais chaque plan comme la touche du peintre par laquelle on peut comprendre un peu son processus de création. Ce sont deux perspectives assez différentes.»[3] Ma conviction était faite que dans les années à venir, il faudrait donner la priorité à l'approche du cinéma comme art (création du nouveau) sur celle, canonique, du cinéma comme vecteur de sens et d'idéologie (ressassement du déjà-dit et du déjà-connu). Même s'il ne fallait pas renoncer pour autant à une approche langagière du cinéma, dans un renversement mécanique absurde.

Le deuxième versant de cette « hypothèse cinéma » tient au rapport entre l'approche critique, la « lecture » des films, et le passage à l'acte, la réalisation. Je suis de plus en plus convaincu qu'il n'y a pas d'un côté une pédagogie du spectateur qui serait forcément limitée, par nature, à la lecture, au décryptage, à la formation de l'esprit critique et de l'autre une pédagogie du passage à l'acte. Il peut y avoir une pédagogie centrée sur la création aussi bien quand on regarde les films que quand on les réalise. C'est évidemment cette pédagogie généralisée de la création qu'il faudrait réussir à mettre en œuvre dans une éducation au cinéma comme art. Regarder une toile en se posant les questions du peintre, et en essayant de partager ses doutes et ses émotions de créateur, n'est pas la même chose que regarder le tableau en se cantonnant aux émotions du spectateur.

Vladimir Nabokov, qui a été à la fois un très grand écrivain, un très fin analyste de la création littéraire et un grand enseignant, ce dont témoigne la publication de ses cours, a défini un jour, devant ses étudiants, le but qu'il recherchait dans son enseignement de la littérature : « J'ai essayé de faire de vous de bons lecteurs, qui lisent non dans le but infantile de s'identifier aux personnages du livre, ni dans le but adolescent d'apprendre à vivre, ni dans le but académique de s'adonner aux généralisations. J'ai essayé de vous apprendre à lire les livres pour leur forme, pour leur visions, pour leur art. J'ai essayé de vous apprendre à éprouver un petit frisson de satisfaction artistique, à partager non point les émotions des personnages du livre, mais les émotions de son auteur – les joies et les difficultés de la création. Nous n'avons pas glosé autour des livres, à propos des livres, nous sommes allés au centre de tel ou tel chef-d'œuvre, au cœur même du sujet. »

Il définit là avec une grande exigence ce que devrait être une approche du cinéma comme art : apprendre à devenir un spectateur qui éprouve les émotions de la création elle-même.

1. Une précieuse thèse de doctorat de Francis Desbarrats, *Origines, conditions et perspectives idéologiques de l'enseignement du cinéma dans les lycées*, Université de Toulouse Le Mirail, École Supérieure d'audiovisuel, soutenue en décembre 2001, retrace magistralement cette histoire.

2. *Le cinéma en jeu*, un livre et une cassette édités en 1992 par L'Institut de l'image d'Aix-en-Provence. *Le cinéma, une histoire de plans*, tome 1, 47', 1998, tome 2, 61', 1999, deux cassettes éditées par Agat Films et Les enfants de cinéma.

3. Alain Bergala, « Quelque chose de flambant neuf », *Les Colloques de Cinémémoire 1991 et 1992*, éditions de la Cinémathèque de Toulouse.

III - ÉTAT DES LIEUX, ÉTATS D'ESPRIT

La tradition pédagogique du cinéma comme langage.

Le cinéma a longtemps été pris en considération, dans la tradition pédagogique française, avant tout comme langage. L'approche du film comme « œuvre d'art » était plutôt l'affaire des ciné-clubs, lorsque ceux-ci ne cédaient pas trop au péché majeur de « contenuisme ». Il y a deux raisons majeures à cela.

La première est une coïncidence historique. Le moment hégémonique des sciences du langage (linguistique, sémiologie, sémiotique) a coïncidé en France avec la montée en puissance de l'idée du cinéma à l'école. La peur des enseignants devant cet objet nouveau, le film, pour lequel ils n'avaient pas été formés, les a fait se raccrocher à des modèles d'analyse plus familiers, qu'ils pratiquaient déjà, en littérature notamment. Je ne m'attarderai pas ici sur une banalité : le succès jamais démenti de la problématique de « l'adaptation au cinéma » relève du même réflexe défensif et sécurisant. Partir du connu pour approcher le moins connu est le contraire de l'exposition à l'art comme altérité et conduit généralement à esquiver la véritable singularité du cinéma. La peur de l'altérité conduit souvent à annexer un territoire neuf à l'ancien de façon colonialiste, en ne voyant dans le nouveau que ce que l'on savait déjà voir dans l'ancien. Or le cinéma a exactement la vocation contraire : nous faire partager des expériences qui sans lui nous resteraient étrangères, nous donner accès à l'altérité.

Cette prééminence de l'aspect langagier du cinéma a été souvent le fait d'enseignants de bonne volonté, désireux à juste titre de soustraire l'usage du cinéma en classe à la menace permanente d'instrumentalisation des films qui consiste à les choisir et à les regarder en fonction de la seule exploitation possible de leur sujet, en histoire ou en littérature par exemple. Au contenuisme dominant, on a fréquemment opposé un impérialisme langagier où l'on ne s'autorisait plus à parler du monde à partir des films. Je reste convaincu que le « langagisme » est un moindre mal par rapport à l'instrumentalisation des films, dans la mesure où il conduit plus aisément à prendre en compte la spécificité et la qualité artistique de l'objet film. Mais il peut facilement déboucher sur une dénégation de la réalité du cinéma comme art impur, c'est-à-dire comme « langue écrite de la réalité » selon Pasolini. On rate aussi une part essentielle du cinéma si l'on ne parle pas du monde que le film nous donne à voir en même temps que l'on analyse la façon dont il nous le montre et dont il le reconstruit. Pasolini dit du cinéma qu'il n'est « que le moment écrit de cette langue naturelle et totale, qu'est l'action dans la réalité. »[1] Le langagisme ampute le cinéma d'une de ses dimensions essentielles, qui le distingue des autres arts, celle de « représenter la réalité à travers la réalité ».

La deuxième raison qui a conduit les enseignants à privilégier le cinéma comme langage tient à un solide tradition française de la pédagogie laïque : la priorité, dans les missions de l'école, au développement de l'esprit critique des enfants et à la « riposte idéologique ». L'illusion pédagogiste a long-temps consisté à croire que le décryptage était la voie royale pour dévelop-per l'esprit critique des enfants à partir de circuits courts d'analyse. Il suffirait d'avoir fait trois fois dans l'année, en classe, une analyse bien convaincante de séquences ou de films, à laquelle les enfants ont visiblement adhéré, pour se persuader « qu'ils ne regarderont jamais plus la télé comme avant ». C'est avoir une idée bien angélique du rapport de force entre l'intervention péda-gogie et la puissance de tir idéologique des médias et de tout notre envi-ronnement d'images et de sons.

Cette double approche langagière (du côté de la production du sens) et idéo-logique défensive fait rarement bon ménage avec une approche sensible du cinéma comme art plastique et comme art des sons (je dis bien des sons, pas seulement du dialogue en tant que vecteur de sens) où les textures, les matières, les lumières, les rythmes et les harmonies comptent au moins autant que les paramètres langagiers.

Le travelling est affaire de morale.

J'ai été moi-même héritier et adepte, pendant mes douze ans d'activité cri-tique, de l'hypothèse désormais historique des *Cahiers du cinéma* selon laquelle « le travelling est affaire de morale ». Cette théorie a trouvé sa formulation radicale dans le fameux texte de Jacques Rivette sur *Kapo*[2], un film de Gilles Pontecorvo, où le jeune critique fonde son jugement moral sur l'analyse d'un plan du film, emblématique selon lui de cette abjection, plan où une pri-sonnière d'un camp de concentration vient de se suicider : « Voyez cepen-dant, dans *Kapo*, le plan où Riva se suicide, en se jetant sur les barbelés électrifiés : l'homme qui décide, à ce moment, de faire un travelling avant pour recadrer le cadavre en contre-plongée, en prenant soin d'inscrire exactement la main levée dans un angle de son cadrage final, cet homme-là n'a droit qu'au plus profond mépris. »

Le choix de Rivette de fonder son jugement sur un plan relève d'une straté-gie critique à l'efficacité pédagogique indiscutable. La convocation d'une preuve localisée emporte plus aisément la conviction du lecteur qu'un juge-ment général sur le film. Mais ce serait une erreur de croire que c'est en ana-lysant le fameux travelling de *Kapo* que Rivette en a déduit que ce film était abject. Les choses ne se passent jamais ainsi pour le spectateur : j'imagine qu'il a d'abord éprouvé globalement l'écœurement et la honte d'être le spectateur d'un film esthétisant l'horreur. Le plan incriminé est simplement arrivé à point nommé pour cristalliser une opinion déjà constituée en cours de film. Et ce sentiment de répulsion, il a été en mesure de l'éprouver pour avoir déjà vu une très grande quantité de films, et pour s'être posé depuis longtemps la question d'une morale de la forme au cinéma, question qui devait être vivace et quotidienne aux *Cahiers du cinéma*. André Bazin l'avait déjà formulée dans un autre texte fondateur : « Montage interdit ». Serge Daney, revenant sur ce texte de Rivette dans un texte définitif publié juste après sa mort[3], « Le travelling de *Kapo* », écrit : « Avec quiconque ne ressentirait pas immédiatement l'abjection du « travelling » de *Kapo*, je n'aurais, définitivement, rien à voir, rien à partager. » Daney, qui n'abusait ni des italiques ni de l'argument du « vécu », souligne « ressentirait » pour bien mettre les points sur les i : l'abjection de *Kapo* est quelque chose qui se ressent d'abord, et Rivette est celui qui a trouvé les mots pour dire ce sentiment.

Daney dit aussi, par la même occasion, que contrairement à l'adage selon lequel « les goûts et les couleurs, ça ne se discute pas », il peut y avoir quelque chose d'irrémédiable, entre les êtres et dans le social, qui passe par cette question du goût. Le goût joue un rôle discriminatoire essentiel, aussi bien dans la vie sociale que dans la vie affective. Quand je parle de « goût » ici, je ne parle pas de ces petites différences sur lesquelles on peut aimablement deviser dans un milieu homogène, petite différence touchante au sein d'un accord global sur les valeurs essentielles qui fondent, par exemple, le goût petit-bourgeois tel qu'il délimite les films qu'il faut avoir vus pour appartenir à un milieu donné. Je parle des différences de goût qui clivent dans le social, qui déclassent plus sûrement que des lacunes de savoir, qui font que quelqu'un qui affiche un goût sincère et innocent pour un terrible chromo, par exemple, s'exclut instantanément d'un univers social et culturel qui n'est pas le sien

Dans la vie affective, en amitié ou en amour, un désaccord de goût peut diviser plus radicalement qu'une divergence d'opinion. Dans un autre texte[4], Daney décrit une soirée, chez lui, où il s'apprête à voir, avec un jeune homme dont il est probablement amoureux, les *Fioretti de Saint François d'Assise* de Rossellini qui passe justement ce soir-là sur une chaîne de télévision. Il se demande avec angoisse ce qui va se passer, sans doute dans ses propres sentiments à son égard, si l'autre se révèle absolument réfractaire à ce film : peut-il s'attacher à quelqu'un qui serait totalement insensible à Rossellini ? L'histoire finit bien puisque l'autre va se révéler immédiatement touché par le monde innocent des petits frères filmés par Rossellini. Contrairement au dicton populaire, ce sont les opinions qui se discutent, pas vraiment les goûts qui relèvent trop de la singularité de chacun, de son être intime, pour être négociables. Toute divergence profonde de goût blesse l'amour-propre de celui dont le goût est rejeté.

L'illusion pédagogiste consiste à croire que les choses pourraient se passer ainsi, en trois phases bien sagement à leur place dans l'ordre chronologique. Phase 1 : on analyse un plan ou une séquence, comme Rivette le fait de *Kapo*. Phase 2 : on juge le film à partir de cette analyse. Phase 3 : on se constitue ainsi progressivement un jugement fondé sur l'analyse. Il est évident que les choses ne se passent jamais ainsi : c'est le goût, constitué par la vision de nombreux films et les désignations qui les accompagnent, qui fonde « petit à petit » le jugement qui pourra être porté ponctuellement sur tel ou tel film. Et c'est ce jugement sur le film, tel qu'on l'a globalement ressenti en cours de projection, qui permet de voir et d'analyser la grandeur, la médiocrité ou l'abjection d'un plan ou d'une séquence. Le travelling est bien affaire de morale, mais pour voir la morale d'un travelling, il faut déjà avoir vu beaucoup de travellings de toutes sortes, et s'être constitué en amont ce que l'on appelle tout simplement une culture de cinéma.

La pédagogie, on le sait, invente des procédures qui permettent de « gagner du temps » sur le déroulement « naturel » des apprentissages. Toute pédagogie est évidemment une simulation. Mais cette simulation doit respecter à la fois son objet – le film – sans trop le réduire à un squelette, et la façon dont il peut faire son chemin dans la conscience de quelqu'un, surtout s'il s'agit d'un enfant. On peut donc « accélérer » quelque peu le processus de prise de conscience d'une morale des formes, mais jamais la « forcer » de façon dogmatique et symboliquement inefficace et dangereuse.

Serge Daney accélère légèrement le processus de pensée qui a été le sien lorsqu'il met en rapport le plan de *Kapo* avec un autre plan, prélevé dans *Les Contes de la lune vague* de Mizoguchi. Dans ce plan où une autre jeune femme trouve la mort en temps de guerre, en rase campagne, la caméra de Mizoguchi est presque distraite au moment de la mort de son héroïne, et manque de peu de la rater, nous montrant « l'événement en train de se produire comme événement, c'est-à-dire inéluctablement et de biais. » La rencontre de ces deux plans, dans la tête de Serge Daney, a pris du temps et ne lui a été désignée par personne. Il ruminait sans doute depuis plusieurs mois le texte de Rivette lorsqu'il est tombé sans s'y attendre, studio Bertrand, sur ce plan de la mort de Myiagi dont il nous dit qu'elle l'a littéralement « cloué, déchiré ». De telles rencontres peuvent très bien prendre des années ou même ne jamais se produire. C'est là que le « passeur », pour reprendre une expression de Serge Daney[5], joue un rôle d'accélérateur de pensée, de pédagogue, en nous faisant gagner du temps par la mise en rapport démonstrative de ces deux plans.

L'illusion serait de croire, à partir de cet exemple probant, que l'on pourrait non pas accélérer mais inverser carrément le processus normal d'acquisition d'une pensée et d'un goût sur le cinéma. Et de finir par croire, par angélisme pédagogique, et pour se rassurer, qu'une analyse formelle établissant un raccourci saisissant entre forme et jugement (du type travelling de *Kapo*) peut armer les élèves à tout jamais et leur permettre de distinguer un bon d'un mauvais film. Personne ne fera jamais l'économie du temps qu'il faut pour se former un goût sur lequel viendront s'étayer de façon durable des critères de jugements.

Le cinéma comme art.

L'idée de la riposte, d'une pédagogie visant prioritairement à développer l'esprit critique relève d'une conception du cinéma comme mauvais objet. Si l'approche du cinéma est une chance pour l'école, c'est à condition que le cinéma y soit traité comme bon objet, c'est-à-dire avant tout comme art. Je n'ai jamais compris que l'on puisse en toute bonne foi préconiser l'étude de « mauvais » films en classe, sous prétexte de développer le fameux et sempiternel esprit critique. Viendrait-il à l'idée de quiconque d'introduire consciemment dans la classe un « mauvais » tableau, une croûte ou un chromo pour apprendre de son analyse ce que c'est que la bonne peinture ? La vie (en classe et hors de la classe) est trop courte pour que l'on perde du temps et de l'énergie à regarder et à analyser de mauvais films. Surtout qu'un mauvais film, même analysé en tant que tel, laisse forcément des traces, pollue le goût, dès lors qu'il est l'objet de reprises, de répétitions, d'arrêts sur l'image : la mémoire inconsciente, qui se moque des jugements de valeur, retient aussi bien le mauvais que le bon. La cause de ce genre d'aberrations est profonde : le pédagogue veut bien reconnaître que le cinéma est un art, mais aux yeux de sa (bonne) conscience laïque le cinéma reste avant tout un vecteur d'idéologie dont il convient prioritairement de se méfier.

Si l'on pense qu'il faut prioritairement apprendre à se défendre contre les films, c'est que l'on considère d'abord le cinéma comme dangereux. Mais le danger désigné est toujours le même, en gros le danger idéologique : les films peuvent porter sournoisement, avec une prime de plaisir, des valeurs néfastes (apologie de la violence, racisme, sexisme, etc.). J'ai rarement entendu évoquer un autre danger, qui peut pourtant causer des dégâts plus profonds et plus durables : celui de la médiocrité ou de la nullité artistiques. Il y a pire que les mauvais films, c'est les films médiocres. L'école se préoccupe volontiers des « mauvais films » qui pourraient avoir une action négative sur les enfants, jamais des ravages de la médiocrité. La médiocrité est pourtant le danger de loin le plus répandu et le plus sournois.

Ce que l'école peut faire de mieux, aujourd'hui, c'est de parler d'abord des films comme œuvres d'art et de culture. Donner aux élèves d'autres points de repères et approcher avec eux les films en confiance, sans défiance préalable trop marquée, est sans doute aujourd'hui la vraie riposte aux mauvais films. Si l'on réussit, avec des films à la valeur artistique indiscutable (si, cela existe !), à reconstituer quelque chose qui ressemble à un goût, on aura plus fait, pour résister aux mauvais films ou aux films dangereux, qu'en essayant d'abord de fournir hâtivement quelques outils partiels de critique défensive. C'est plus que jamais une illusion pédagogiste de croire que quelques analyses courtes suffiraient, indépendamment de toute culture suffisamment consolidée, pour prendre conscience qu'un film est néfaste ou mauvais. Sans compter la naïveté qu'il y a toujours eu à croire qu'un enfant qui a pris du plaisir à un mauvais film reniera au fond de lui-même ce plaisir personnel dès lors qu'on lui aura démontré, même par une analyse juste et fine, que ce film était mauvais ou pernicieux. C'est parce que *Kapo* lui insupportait, sur la base d'un goût de cinéma longuement constitué par ailleurs, que Rivette a vu et analysé l'abjection du fameux plan pour les lecteurs des *Cahiers* de l'époque. La formation de ce goût, qui seul permet de prendre quelque recul sur les mauvais films, est aujourd'hui le problème numéro un. C'est la rencontre d'autres films et leur fréquentation permanente qui est aujourd'hui la meilleure riposte contre la puissance de tir du cinéma pop-corn.

Il y a un grand danger d'être mal compris quand on parle du cinéma comme art. Mieux vaut préciser pour éviter tout malentendu. Je ne parle évidemment pas ici de tout ce cinéma qui veut « faire artistique » en exhibant des « effets d'art », genre décor luxueux, plans et lumières pour faire riche. L'art au cinéma n'est ni ornement, ni boursouflure, ni académisme voyant, ni intimidation culturelle. L' « hartistique » avec un h aspiré est même l'ennemi principal du cinéma comme art véritable et spécifique. Le grand art au cinéma est à l'opposé du cinéma qui exhibe une plus-value artistique. C'est la sécheresse de Rossellini ou de Bresson. C'est la rigueur implacable et sans graisse d'un Hitchcock et d'un Lang. C'est la limpidité de Howard Hawks, c'est la netteté nue des films de Kiarostami. C'est la vie qui déborde de chaque plan de Renoir ou de Fellini. C'est chaque fois que l'émotion et la pensée naissent d'une forme, d'un rythme, qui ne pouvaient exister que par le cinéma.

L'école reste massivement bien-pensante : elle montre volontiers des films, même artistiquement nuls ou inexistants, pour peu qu'ils abordent avec une certaine générosité quelque grand sujet dont on pourra débattre ensuite avec les élèves. La vieille conception de la séance de cinéma type « Dossiers de l'écran », où le film est pur prétexte à débattre d'un grand sujet, a la peau dure dans l'Education nationale. Le problème c'est que les bons films sont rarement bien-pensants, c'est-à-dire immédiatement digestes et recyclables en idées simples et idéologiquement correctes.

Un cinéaste digne de ce nom n'est pas un cinéaste qui fait son film principalement pour dire ce qu'il a à dire sur tel sujet, même si le sujet est crucial. Le véritable cinéaste est « travaillé » par une question, que son film à son tour travaille. C'est quelqu'un pour qui filmer n'est pas chercher la traduction en images des idées dont il est déjà sûr, mais quelqu'un qui cherche et pense dans l'acte même de faire le film. Les cinéastes qui ont déjà la réponse - et pour qui le film n'a pas à produire mais simplement à transmettre un message déjà acquis - instrumentalisent le cinéma. L'art qui se contente d'envoyer des messages n'est pas de l'art, mais un véhicule indigne de l'art : cela vaut aussi pour le cinéma. Ce n'est pas parce qu'il traite de l'Holocauste que *Shoah* est un grand film, c'est parce que Claude Lanzmann s'est posé jusqu'au bout, dans tous les sens du terme, la question de la représentation de la Shoah au cinéma, et qu'il a pris à revers toutes les idées admises sur la question, inventant le cinéma qui lui permettait de penser autrement son sujet, et montrant dans son film l'invention permanente de cette forme même.

Quand Godard, en 1962, entreprend de tourner *Le petit soldat*, le moins que l'on puisse dire c'est qu'il n'a pas les idées claires sur la question algérienne à ce tournant pourtant décisif de la guerre, et il frôle plus d'une fois des gouffres où il pourrait se perdre. Rarement, depuis le Rossellini de *Rome ville ouverte* et de *Allemagne année zéro*, un film aura été tourné à ce point « à chaud » par un jeune homme qui ne savait pas ce qu'il avait à dire, qui ne cache pas sa fascination pour les pires thèses de l'époque, mais qui avait simplement entrevu que ce sujet tabou était le sujet crucial du moment, et que faire un film lui permettrait peut-être de sortir de sa propre confusion et de ses mauvaises tentations. *Le petit soldat*, par quelque bout qu'on le prenne, reste encore aujourd'hui un film idéologiquement dangereux, dont le message n'est pas plus clair qu'il y a quarante ans, mais où l'on voit à l'œuvre un cinéaste qui a un respect et une croyance absolus dans le cinéma et ses pouvoirs d'élucidation et de pensée. C'est un film qui est resté vivant, contradictoire, irritant et fascinant, plein d'inventions, qui continue à donner à penser plus de quarante ans après sa réalisation alors que tant de films bien-pensants et filmés avec les semelles de plomb des certitudes idéologiques ou politiques ne sont plus que lourds pensums, indignes du cinéma et de la pensée, à l'électroencéphalogramme plat depuis longtemps. Au cinéma, le tri par le temps se fait de façon très accélérée, par rapport aux autres arts, entre les œuvres qui restent vivantes et celles qui n'arrivent pas à retenir la vie, une fois passé le pauvre effet de contemporanéité où nous distinguons mal entre la vie du film et la vie qui nous entoure, dont ce film est le reflet. Les films bien-pensants, forts de leur thèse, même juste, jonchent le cimetière des films dont toute vie et toute pensée a disparu. Selon Hou Hsiao-hsien, le meilleur antidote consiste à toujours privilégier ce que l'on voit, au moment du tournage, à ce que l'on pense ou à l'idée que l'on s'en fait, et la respiration de ses films atteste qu'il a raison : « (…) il faut faire attention à ne pas finir par plaquer ses idées sur les choses qu'on filme, comme tant de réalisateurs. Résultat : on ne respire plus, plus rien ne se passe. Même si, comme tout le monde, j'ai mes opinions, je ne cherche pas à les exhiber mais à montrer le feu de la présence. Ensuite, chaque spectateur, voyant cette présence et le feu qui y brûle, peut l'interpréter comme Il l'entend. »[6] Jean-Marie Straub, cinéaste politique s'il en est encore aujourd'hui, m'a dit un jour, au cours d'un entretien : pour qu'un plan en vaille la peine, il faut que « quelque chose brûle dans le plan ». Ce qui brûle, c'est la vie et la présence des choses et des hommes qui l'habitent. Et si l'on parlait un peu plus, en pédagogie, de cette vie qui brûle ou pas dans les plans de cinéma, plutôt que de parler toujours de cette « grammaire » des images qui n'a jamais existé et des « grands sujets » qui étouffent le cinéma.

Dans le numéro 100 des *Cahiers du cinéma*, en octobre 1959, dont le dessin de couverture était signé Jean Cocteau (« le 100 d'un poète »), Claude Chabrol avait déjà pris sa plume facétieuse pour défendre les petits sujets contre les « crétins » – le mot est de lui – qui étaient déjà nombreux à croire aux grands sujets : « A mon avis, concluait-il, il n'y a pas de grands ou de petits sujets, parce que plus le sujet est petit, plus on peut le traiter avec grandeur. En vérité, il n'y a que la vérité. » Robert Bresson pensait quant à lui, à juste titre, que le grand sujet éloigne le cinéaste de son humble expérience d'homme : « Un petit sujet peut donner prétexte à des combinaisons multiples et profondes. Évite les sujets trop vastes ou trop lointains où rien ne t'avertit quand tu t'égares. Ou bien n'en prends que ce qui pourrait être mêlé à ta vie et relève de ton expérience. »[7] On a vu effectivement, trop souvent pour qu'il s'agisse de simples accidents de parcours, de bons cinéastes sombrer dans l'académisme et le grandiloquent pour s'être attaqués à des «grands sujets» où ils perdaient leurs mesures et leurs qualités d'homme et d'artiste, quand ce n'est pas leur âme. L'école continue à aimer les grands sujets pour des raisons parfois bonnes en termes d'éducation générale et civique (faire parler de… la guerre, du racisme, etc.), mais le cinéma n'en sort pas forcément grandi, ni même dans certains cas tout simplement respecté comme art.

Cinéma et audiovisuel : les méfaits du « et ».

Quand Serge Daney, toujours lui, était invité à participer à un colloque standard de type théâtre et cinéma, musique et cinéma, cinéma et histoire, peinture et cinéma, il affirmait qu'il ne peut jamais rien sortir de bon d'un colloque en « et ». En pédagogie du cinéma, les deux « et » les plus fréquentés sont ceux qui associent le cinéma à la littérature et à l'audiovisuel. Le « et » de « cinéma et télévision » a fait depuis des décennies beaucoup plus de mal que de bien dans le système éducatif français. Il repose sur une idée généreuse, globalement défensive : l'enseignant chargé du cinéma aurait comme mission première de développer l'esprit critique et l'urgence des urgences serait de développer cet esprit critique à l'égard de la télévision. À cela rien à redire, sinon qu'une telle approche critique de la télévision relève logiquement de l'instruction civique beaucoup plus que de l'éducation artistique.

Quand j'ai pris en charge le volet cinéma de ce plan pour l'art à l'école, le syntagme figé « cinéma-et-audiovisuel » était terriblement en vigueur au ministère comme partout ailleurs dans le champ pédagogique. Ma position a simplement consisté à affirmer qu'il fallait d'une part renoncer à ce mot trop flou d'audiovisuel dont on ne sait jamais s'il recouvre les montages de diapositives sonorisés ou TF1, ce qui n'a évidemment rien à voir, ou encore toutes les techniques recourant à un mixte d'images et de sons. Et ensuite que si l'art était l'objet de cette mission, j'en vois peu, mis à part ce qui relève précisément de l'imaginaire cinéma, à la télévision. J'ai donc essayé (mais les mauvaises habitudes de vocabulaire ont la vie dure et sont le chiendent des tentatives de changements) de supprimer le mot « audiovisuel » de tout ce qui touchait spécifiquement le cinéma, et de plaider pour une séparation radicale de l'approche du cinéma comme art (y compris de ce qui en relève à la télévision) et de l'approche critique de la télévision dans ce qu'elle a de spécifique. A la Mission, une conseillère « audio-visuelle » a donc pris en charge la télévision comme domaine spécifique, à mon grand soulagement il faut bien le dire.

C'est en effet avec le « et » que les choses se brouillent. Malheureusement, la place du cinéma étant ce qu'elle est dans le système éducatif, on voit mal, jusqu'à présent, qui d'autre que l'enseignant compétent en cinéma pourrait se charger de cette approche de la télévision. Mais ce n'est pas parce qu'il y a une tradition du prof d'histoire-géo qu'il y a la moindre confusion entre les deux domaines. Il en va tout autrement entre cinéma et télévision. L'idée qui brouille tout et empêche toute pensée sérieuse sur la question est la fausse évidence selon laquelle une approche du cinéma donnerait des outils pour armer contre la télévision. Or l'image avec un grand I n'existe pas, sinon comme fantasme pédagogique d'une toute-puissance de la riposte : il suffirait de savoir analyser l'Image pour être capable d'analyser toutes les images. Hélas l'arme absolue est un fantasme, et il faut bien aller y voir de plus près pour trouver des modes d'approche suffisamment spécifiques pour avoir quelque efficience. Même en terme de riposte, le jardinier sait bien que chaque parasite demande son anti-parasite spécifique.

Posons, pour commencer, que la télévision n'est qu'un meuble et un support de diffusion. Il est strictement impossible de mettre tout ce qui s'y diffuse sous la même étiquette. Il faut le séparer en deux grands blocs. Ce qui relève de l'imaginaire cinéma (films, téléfilms, documentaires, pubs, clips) et qui reprend les codes, les méthodes de tournage et de fabrication du cinéma. Et ce qui relève, pour le dire vite, des dispositifs télévisuels : plateaux de variétés, jeux débilitants de toutes sortes, talk-shows, journaux télévisés, directs sportifs, face-à-face politiques). S'il y a un imaginaire spécifiquement télévisuel, il relève exclusivement de la deuxième catégorie. Ces deux types de productions diffusées par la télévision n'ont en commun que le meuble et une même situation de réception mais ils font appel à deux imaginaires et deux postures du spectateur radicalement différents.

Les outils qui permettent d'approcher le premier (le bloc-cinéma) ne sont d'aucune utilité pour analyser le second (les dispositifs-télé). L'analyse la plus intelligente des cadrages et des lumières chez Orson Welles ou Jean Vigo ne donnera jamais l'instrument adéquat pour analyser une de ces émissions nauséeuses (psy-show ou reality-show) dont tout téléspectateur peut être, hélas pour lui, le héros d'un jour. Je ne vois strictement aucun intérêt ni aucun bénéfice pédagogique à mélanger les approches de ces deux objets sans en faire une mixture peu ragoûtante du genre eau et huile.

L'autre danger majeur du « et » de cinéma et télévision est de fausser d'entrée de jeu la relation au cinéma. La télévision, même et surtout pour ceux qui défendent farouchement la nécessité de son approche à l'école, est massivement vécue comme un mauvais objet, sournois, dangereux, nocif, contre lequel il faut apprendre à se défendre. L'idéal pédagogique bienpensant étant de former, grâce à un apprentissage critique adéquat, ce que l'on appelait naguère un « téléspectateur actif ». Je n'y ai jamais vraiment cru. Pour deux raisons. La première est le critère de plaisir : le plus étayé des discours ne pourra jamais rien contre le sentiment de l'enfant que cette émission dont un adulte est en train de lui démontrer à quel point elle est critiquable lui a procuré du plaisir. La seconde est celle du rapport de force : il faut être d'une très grande naïveté ou d'une fougue pédagogiste débordante pour croire sérieusement que quelques pauvres heures de cours passées à analyser un dispositif télévisuel qui revient en force tous les soirs à la télévision avec ses atouts de séduction et de consensus, suffiraient à armer pour la vie le jeune téléspectateur d'un esprit critique inoxydable qui ferait, selon la formule consacrée par tous les triomphalismes pédagogiques, « qu'il ne regarderait plus jamais la télévision comme avant », sous-entendu avant la miraculeuse intervention pédagogique. Les choses, hélas, ne sont pas si simples, et en terme de riposte je ne vois guère que la formation patiente et permanente d'un goût, fondé sur de belles choses, qui puisse avoir quelques chances, même minimes, d'agir comme antidote à la bêtise crasse et à la laideur agressive de la plupart des émissions de télévision qui ne relèvent pas d'un imaginaire cinéma. Il y a une beauté du clip et de la publicité, mais elle doit tout au cinéma

Le cinéma parce que « dangereux », relèverait du même type d'analyse et du même type d'enseignement que la télévision, dont j'ai envie de dire qu'elle est un mauvais objet globalement plus « loyal ». Le « et » de « cinéma et télévision » a pour effet négatif majeur d'accoler ce qui est de toute évidence un mauvais objet à ce qui n'a de sens que d'être approché comme un bon. Il n'y a de bénéfice symbolique pour l'école à faire entrer le cinéma dans la classe qu'à pousser jusqu'au bout la logique de cette affirmation : en art, la priorité est d'apprendre à aimer et l'on sait depuis le beau titre du recueil des textes de Jean Douchet que la critique peut être aussi « l'art d'aimer ».[8]

A ce moment-là du débat il y a toujours quelqu'un qui prend la parole, avec l'assurance de celui qui tient le bon bout, pour ressortir du grenier le contre-exemple, exténué par des décennies de bons et loyaux services, des recherches de Jean-Christophe Averty qui a été le seul sans doute à essayer de penser une création prenant en compte la spécificité de l'écran télévisuel. L'art vidéo, on le sait, interroge aussi le medium tube cathodique, mais il n'a pas vraiment droit de cité, c'est le moins qu'on puisse dire, à la télévision qui serait pourtant son support de diffusion naturel. C'est le sport, finalement, qui a développé des plaisirs et des formes spécifiques intéressantes, et souvent belles, à la télévision. C'est là, à n'en pas douter, que sont nées des émotions nouvelles, inédites au cinéma, au croisement d'un scénario ouvert non cinématographique (les règles même du tennis ou du foot) et d'une esthétique propre au dispositif du direct télévisuel. Le reste du « spécifiquement télévisuel » est devenu aujourd'hui dans sa grande majorité du pur cauchemar : plateaux hystériques, talk-shows où aucune parole « humaine » n'a plus sa place, pauvres anonymes robotisés, humiliés et heureux de l'être sur un plateau consensuel dans la connerie la plus épaisse, la bonne humeur lobotomisée et le moment d'émotion obligatoire.

Faut-il vraiment laisser la moindre place, à l'école, à toute cette misère ? On fait plus pour l'enfant en lui montrant un plan de Kiarostami qu'en démontant pendant deux heures je ne sais quelle soupe télévisuelle.

1. Pier Paolo Pasolini, *L'expérience hérétique*, coll. Traces, Payot, 1976.

2. Jacques Rivette, *De l'abjection*, Cahiers du cinéma n° 120, juin 1961.

3. Serge Daney, *Le travelling de Kapo*, Trafic n° 4, automne 1992, P.O.L..

4. *Roberto Rossellini*, numéro spécial des *Cahiers du cinéma*, éd. Cahiers du cinéma / La Cinémathèque française, 1989.

5. Je tiens à noter au passage - puisque je parle de Daney qui l'a « inventé » dans cette acceptation d'agent de transmission - que ce beau mot de « passeur » est mis aujourd'hui à toutes les sauces. Le passeur est quelqu'un qui donne de sa personne, qui accompagne dans la barque ou sur la montagne ceux qu'il doit faire passer, qui prend les mêmes risques que ceux dont il a provisoirement la charge. Aujourd'hui tout le monde se décrète « passeur » pour blanchir ou ennoblir à peu de frais des besognes ou des intérêts où il n'y a ni risque ni traversée. André Bazin, Henri Agel, Jean Douchet, Serge Daney, Philippe Arnaud, Alain Philippon ont été des passeurs, pour n'en citer que quelques-uns.

6. *Hou Hsiao-hsien*, sous la direction de Jean-Michel Frodon, collection Essais, éd. Cahiers du cinéma, 1999.

7. Robert Bresson, *Notes sur le cinématographe*, NRF Gallimard, 1975.

8. Jean Douchet, *L'art d'aimer*, collection Ecrits, éd. Cahiers du cinéma, août 1987.

IV - LE CINÉMA DANS L'ENFANCE

La sidération et l'énigme.

Serge Daney écrivait en 1988[1] : « En parlant des heures à ceux qui m'écoutent volontiers, je réalise que je tourne autour d'un « noyau dur », celui des films qui, comme dit Jean Louis Schefer, « ont regardé mon enfance » ou plutôt mon adolescence de cinéphile innocent. »

Ces lignes disent bien ce qui se joue de décisif à ce moment de l'enfance et de l'adolescence où chacun rencontre les films essentiels dans la constitution de son rapport au cinéma. Ces films-là, en nombre limité, chacun les portera à sa façon, toute sa vie, comme une sorte de viatique inusable. Tous les cinéphiles se souviennent des films qui leur ont chevillé au corps l'amour du cinéma. Ces films n'ont pas forcément de rapport direct avec le cinéma qu'ils allaient aimer par la suite. Dans la génération dont parle Serge Daney, on a pu devenir un grand bressonien, comme Philippe Arnaud, après avoir été troublé par le cinéma, à neuf ans, avec *La Guerre des boutons*.[2] Ce qui s'est joué là, comme un « big bang », ne relève d'aucune distinction de goût ou de culture, mais participe de La Rencontre, dans ce qu'elle a d'unique, d'imprévisible et de sidérante. Elle tient dans la certitude instantanée, dont ont parlé Schefer[3] et Daney, que ce film-là, qui m'attendait, sait quelque chose de mon rapport énigmatique au monde, que j'ignore moi-même mais qu'il contient en lui comme un secret à déchiffrer.

Rien, par la suite, ne pourra remplacer cette émotion première qui signe toute vraie rencontre avec le cinéma. Il y a pour chacun de nous, toujours selon Daney, un lot des films formateurs (pour lui ceux vus entre 1959 et 1964, donc entre 15 et 20 ans) « et les films venus après, écrit-il, ceux dont je me dis, aujourd'hui que j'aurais dû (ou pu) les aimer plus tôt. Liste des diverses "sidérations". Une fois, une note est atteinte et elle est inoubliable ».

Notre imaginaire du cinéma ne se constitue pas de façon homogène et continue, tout au long de notre vie. Il y a un « lot de départ » qui tracera pour l'essentiel la carte de nos zones d'attirance et d'inintérêt. Daney pousse l'hypothèse jusqu'à penser qu'il y a des films vus « trop tard », perdus pour l'impact déterminant qu'ils auraient pu avoir sur nous si on les avait rencontrés au cours de cette époque de formation décisive de quelques années : « Ce qui n'est pas vu "à temps" ne le sera plus jamais vraiment. »[4]

Quand la première liste (celles des premières impressions qui « donnent la note » inoubliable) est close à jamais, aucun film ne pourra plus y entrer rétroactivement, même ceux qui auraient dû y trouver leur place et qui resteront dans les limbes de ce noyau dur qui nous constitue en fervents du cinéma. Ces films rencontrés « trop tard » resteront partiellement non révélés, comme une photo dont on a stoppé trop tôt le développement et qui restera à jamais trop pâle, sans le contraste et le relief qu'elle aurait dû prendre.

De ce constat vient l'importance primordiale qu'il y a à rencontrer les bons films au bon moment, ceux qui laisseront des traces pour une vie. Un livre, *Cet enfant de cinéma*[5] recueillait en 1993, les premiers souvenirs de cinéma d'une centaine de personnes : anonymes, gens de cinéma, écrivains. On y trouvait la confirmation de cette vérité que les rencontres importantes, au cinéma, sont souvent celles de films qui ont un temps d'avance sur la conscience que nous avons de nous-même et de notre rapport à la vie. Lors de la rencontre, on se contente de recueillir l'énigme avec étonnement et d'en accuser le coup, le pouvoir d'ébranlement. Le temps de l'élucidation viendra plus tard et pourra durer vingt, trente ans, ou toute une vie. Le film travaille en sourdine, son onde de choc se répand lentement. Philippe Arnaud écrivait dans ce livre : « Toute image éclaire, dans cette famine symbolique de l'enfance : non seulement elle-même mais, par l'anticipation instantanée d'une instance qui nous est étrangère, elle jette la préfiguration d'une possibilité de nous-même par laquelle nous sommes choisis : c'est un peuplement d'images nécessaires qui nous désignent et composent une sorte de destinée qui nous attend, un savoir déroutant puisqu'il est en avance sur nous, marquées à chaque fois d'un poinçon irrémédiable où nous savons que cela nous concerne sans comprendre pourquoi. »

On peut obliger à apprendre, mais on ne peut pas obliger à être touché. Nous savons tous que les livres, les films, les morceaux de musique qui ont compté dans notre vie, nous les avons rencontrés individuellement, dans l'ordre de l'intime, du soi à soi, même si cette rencontre a eu lieu en apparence dans une situation de groupe ou de transmission instituée. Quand elle oblige à apprendre – dans le but de qualifier les élèves pour leur future insertion sociale, et elle se doit de le faire – l'école n'a pas forcément pour visée première de favoriser cette possibilité d'une rencontre individuelle décisive avec une œuvre. Cette rencontre relève plus d'une initiation que de l'apprentissage, et l'école ne pourra jamais la programmer ni la garantir. Comme toute vraie rencontre, elle peut aussi bien ne jamais avoir lieu dans sa puissance de révélation et d'ébranlement personnels.

L'école a pourtant un rôle non négligeable à jouer dans cette affaire. Et ce rôle est de quatre ordres.

Premièrement : organiser la possibilité de la rencontre avec les films.

Comment rendre possible l'exposition de l'enfant cette rencontre ? Dans le domaine du cinéma, aujourd'hui, cela signifie concrètement mettre en œuvre tous les dispositifs et toutes les stratégies possibles pour mettre les enfants, un maximum d'enfants et d'adolescents, en présence de films qu'ils auront de moins en moins de chance de rencontrer ailleurs qu'à l'école (ou dans une salle de cinéma liée à l'école). C'est une lourde responsabilité que d'organiser la rencontre. On sait tous que les bonnes conditions, au regard du désir, ont souvent été, précisément, d'apparentes mauvaises conditions : les films vus clandestinement, souvent, dans une situation où ils ne nous étaient pas destinés, ou encore dans la culpabilité, ou sur un temps volé à l'école ou au travail, comme Antoine Doinel dans *Les Quatre cents coups*.

Cette responsabilité est d'autant plus grande si l'on croit, comme Gracq, que tout est joué dès la première rencontre, et qu'elle est souvent irrémédiable, pour le meilleur comme pour le pire : « … je pense que (…), le premier coup d'œil qu'échangent deux êtres, certaine inflexion de voix qui s'impose à eux, aussi insidieuse, aussi fatale qu'une inspiration de poète, les engage pour jamais, pour le meilleur ou pour le pire – ou pour l'indifférence complète. »[6] Le pire, pour la rencontre avec l'œuvre d'art, est l'indifférence dont parle Gracq, tout le reste – rejet violent, difficulté d'accès, irritation - est encore chemin d'accès entrouvert. On a tous le souvenir d'œuvres auxquelles on a résisté longtemps, parfois violemment, et qui ont fini contre toute attente par rejoindre le lot de celles qui comptent dans une vie.

Deuxièmement : désigner, initier, se faire passeur.

Nous avons tous fait l'expérience, à une époque où la trame culturelle était moins rompue entre générations, de croiser sur notre route scolaire un enseignant « charismatique » dont le désir contagieux nous a permis de rencontrer tel livre, tel auteur, et de nous l'approprier. Ce risque de faire don de ses propres passions et convictions ne fait pas forcément partie du métier ni du talent requis pour être un bon enseignant. Certains y voient même un danger d'affaiblir le libre-arbitre et l'esprit critique de l'élève en le plaçant sous une influence émotionnelle susceptible d'induire toutes sortes d'intimidations et de dérives. Ce chemin de l'initiation sous la conduite personnalisée d'un « maître » n'est qu'un sentier adjacent de la grande route de l'éducation qui n'en exige pas tant de l'enseignant. Mais quelle peut être la portée réelle d'une approche de l'art qui ne serait pas en même temps initiation ?

Lorsqu'il prend le risque volontaire, par conviction et par amour personnel d'un art, de se faire « passeur », l'adulte change lui aussi de statut symbolique, abandonne un moment son rôle d'enseignant tel qu'il est bien défini et délimité par l'institution, pour reprendre la parole et le contact avec ses élèves depuis un autre lieu de lui-même, moins protégé, celui où ses goûts personnels entrent en jeu, ainsi que son rapport plus intime à telle ou telle œuvre d'art, où le « je » qui pourrait être néfaste dans son rôle d'enseignant devient pratiquement indispensable à une bonne initiation. C'est toute la différence entre ce que l'institution est en droit d'attendre d'un enseignant en train de faire un cours dans sa discipline, et ce que ce même enseignant peut trouver comme place « autre » et comme rapport différent avec ses élèves lorsqu'il sort du cadre de « son » enseignement, serait-il artistique, pour se faire « passeur », initiateur, dans un domaine de l'art qu'il a choisi volontairement parce qu'il le touche personnellement. Cette différence, pour peu qu'elle soit bien tenue, avec une claire conscience des deux rôles, ce décalage peut faire du bien à tout le monde, enseignant et élèves. C'est toute la différence entre les enseignements artistiques et l'éducation artistique, entre enseignement et initiation. Godard dirait : entre la règle et l'exception.

Troisièmement : apprendre à fréquenter les films.

Après le big bang de la rencontre, si elle a lieu, le rôle de l'école devrait être de faciliter un accès souple, permanent, vivant, individualisé au film. Et d'initier les enfants à une lecture créatrice, et pas seulement analytique et critique. Cette approche sera fragmentaire, faite d'allers-retours, de fréquentation assidue de morceaux que l'on s'est appropriés, de revisitation, d'échanges avec les autres « amateurs » de cette œuvre, d'iconoclastie parfois.

L'école doit accepter que le processus prenne du temps, peut-être des années, et assumer que son rôle n'est pas de concurrencer les lois et les modes de fonctionnement du divertissement. Mais au contraire d'accepter l'altérité de la rencontre artistique, et de laisser la nécessaire étrangeté de l'œuvre d'art faire son lent chemin d'elle-même, par une lente imprégnation dont il lui faut simplement créer les meilleures conditions possibles.

L'idée de spectateur créateur est une idée forte, peu familière à l'école qui a tendance à passer un peu trop vite à l'analyse, sans laisser à l'œuvre le temps de développer ses résonances et de se révéler à chacun selon sa sensibilité.

Nabokov : « Assez curieusement, on ne peut pas lire un livre, on ne peut que le relire. Un bon lecteur, un lecteur attentif et créateur, est un re-lecteur. Et je vais vous dire pourquoi. Lorsqu'on lit un livre pour la première fois, le simple fait de devoir faire laborieusement aller les yeux de gauche à droite, d'une ligne à l'autre, d'une page à l'autre, ce travail physique compliqué qu'impose le livre, le simple fait de devoir découvrir en termes d'espace et de temps de quoi il est question dans ce livre, tout cela s'interpose entre le lecteur et le jugement artistique. Lorsque l'on regarde un tableau, on n'a pas à déplacer les yeux d'une manière particulière, même si le tableau offre, au même titre que le livre, matière à approfondissement et à développement. L'élément temps ne joue pas réellement lors d'un premier contact avec un tableau. Lorsque nous lisons un livre, il nous faut du temps pour faire connaissance avec lui. Nous n'avons pas d'organe physique (comparable à l'œil en ce qui concerne le tableau) qui saisisse d'emblée l'ensemble et puisse apprécier les détails. Mais à la deuxième, à la troisième ou à quatrième lecture, nous pouvons, en un sens, nous comporter à l'égard d'un livre de la même manière qu'à l'égard d'un tableau. »[7]

Il en va au cinéma comme avec le livre : la première vision d'un film oblige d'aller d'un plan au suivant, d'une scène à la suivante, pendant le temps contraint d'une heure et demie. Elle est mobilisée, pour l'essentiel, par la nécessité de comprendre l'histoire, de ne pas confondre les personnages, de situer chaque nouvelle scène, dans l'espace et le temps, par rapport à ce qui précède. En fait, cette première vision est consacrée pour l'essentiel, par la force des choses, à la « lecture » de l'histoire, aux significations. Ce n'est que dans les approches ultérieures du film qu'on pourra en goûter, plus sereinement, sans crispation sur la peur de ne pas comprendre, les véritables beautés artistiques. J'ai toujours été personnellement angoissé, en entrant dans un film au scénario complexe et aux personnages nombreux, de ne pas arriver à comprendre l'histoire, de m'embrouiller dans l'identité et le rôle des personnages, ce qui ne semble pas poser problème autour de moi aux spectateurs « normaux », non cinéphiles, peut-être (hypothèse qui me permet d'exclure une faiblesse congénitale humiliante) parce qu'ils se consacrent entièrement, innocemment, sans que rien de ce qui me distrait et me travaille ne vienne les perturber, à une réception transparente du film.

Je ne suis pas sûr que la première vision d'un film soit celle où l'on peut être le plus réceptif à tout ce qu'il y a de sensible dans la perception du film, et que des visions ultérieures, fragmentaires, permettront de goûter, ce qui doit rester une priorité de l'approche du cinéma comme art. Cette approche sensible du cinéma pourrait désinhiber les enseignants : elle n'exige d'autre capacité que celle d'être attentif à ce qui est réellement sur l'écran et sur la bande-son, à propos de quoi l'on peut échanger à égalité avec les élèves, dans un premier temps. Même à l'université, cette étape, par laquelle devrait commencer toute approche d'un film, est parfois brûlée par des « lecteurs » trop immédiatement décrypteurs et interprétatifs.

Quatrièmement : tisser des liens entre les films.

L'école est la mieux placée, sinon la seule, pour résister à l'amnésie galopante à laquelle nous accoutument les nouveaux modes de consommation des films et approcher les films comme appartenant à une chaîne d'œuvres dont même le film le plus neuf et le plus libre est un maillon. Une fonction majeure de l'école, aujourd'hui plus problématique que jamais, consiste à tisser quelques fils rouges entre les œuvres du présent et du passé, à nouer des liens, quelques esquisses de filiations sans lesquels le face-à-face avec l'œuvre a toute chance de rester asphyxié, même si l'œuvre est de qualité. Sans ces liens il peut y avoir une série de chocs émotionnels qui, isolés, ne feront jamais culture, mais un patchwork de films orphelins. La culture, ce n'est pas autre chose que cette capacité de relier le tableau ou le film que l'on est en train de voir, le livre que l'on est en train de lire, à d'autres tableaux, à d'autres films, à d'autres livres. Et ceci, s'il s'agit d'une culture véritable, pour le plaisir de se repérer dans le réseau hasardeux des œuvres telles qu'elles nous arrivent, le plus souvent dans le désordre, et de comprendre comment toute œuvre est habitée par ce qui l'a précédé ou qui lui est contemporain dans l'art où elle a surgi, et dans les arts voisins, même lorsque son auteur n'en sait rien ou s'en défend.

Le critère de la seule émotion ou du plaisir « à l'unité » (j'ai été ému par tel film, et cela me suffit) est toujours une façon de réduire le rapport à l'art à une consommation sans restes. Appartenir à l'humanité à travers une œuvre d'art, c'est se relier soi-même à cette chaîne dans laquelle l'œuvre est prise. Cela n'empêche pas de se faire plaisir « à l'unité », mais le plaisir du lien nous donne accès à quelque chose de plus universel que la satisfaction fugitive de notre petit moi, ici et aujourd'hui. La conscience de cette chaîne est aujourd'hui la chose la plus difficile à transmettre car le besoin ne s'en fait pas sentir spontanément dans une culture du zapping où l'on saute d'objet en objet sans avoir besoin de les relier, dans une série de connexions-déconnexions aléatoires excitantes, dont on sort un peu hébété, mais dont je suis pas sûr qu'il reste grand chose, sinon le souvenir du plaisir de l'étourdissement.
Si l'art n'a comme fonction que de nous faire plaisir, l'école n'a pas à s'en mêler : chacun peut trouver les moyens et les objets pour se faire plaisir de façon plus rapide et plus économique. Il nous arrive d'ailleurs à tous, adultes comme enfants, à prendre du plaisir à voir une nullité absolue à la télé, tout en sachant très bien que ce plaisir est de pur défoulement. Qui ne zappe jamais sur M6, les soirs de fatigue, quand il en a assez d'être cultivé, cinéphile, esthétiquement correct ? Mais cela ne change rien à la conscience qu'il y a des plaisirs de nature différente, dont l'économie, l'intensité et l'impact ne

sont pas à situer sur le même plan. Il y a un plaisir individuel de l'enfant, auquel l'école n'a pas à toucher. Mais il y a un plaisir plus construit du rapport à l'œuvre d'art qui n'est pas forcément immédiat et sans effort, et l'école peut jouer un rôle important dans son apprentissage. Car l'intelligence d'une œuvre, n'en déplaise aux grands bêlants du « plaisir tué par l'analyse », participe de ce plaisir artistique.

L'art est ce qui résiste.

Un chef-opérateur, Dominique Chapuis, écrivait dans *Cet enfant de cinéma* : « Je voudrais que les enfants puissent continuer à aimer même les films qu'ils ne comprennent pas tout à fait », car il sentait bien, je suppose, dès 1993, que les diktats de la consommation et de la communication à tout crin allaient rendre de plus en plus difficile, pour des jeunes, de « consentir » à aimer des films qui leur résisteraient un tant soit peu. Cela ne s'est pas arrangé depuis, et a même trouvé ses expressions éphémères mais significatives en « langage jeune » : « ça me saoule » et « ça me prend la tête » pour parler de tout ce qui n'est pas immédiatement consommable sans reste et sans effort, et « je suis resté scotché » pour ce qui capte instantanément l'attention et procure une adhésion sans recul.

Simone Weil emploie le mot étrange de « consentement ». Il s'agirait, en définitive, de « consentir » à l'œuvre d'art, ce qui induit l'idée de faire céder en soi une résistance, voire une hostilité première. L'attention que le sujet finira par donner, à laquelle il consentira, n'était pas forcément acquise au premier abord de l'œuvre. L'œuvre qui va compter, dans la vie de quelqu'un, est d'abord une œuvre qui résiste, qui ne s'offre pas immédiatement avec tous les atouts de séduction instantanée des films jetables qui envahissent les écrans et les médias tous les mercredis. Tous ces films qu'il faut socialement avoir vus, chaque semaine, chaque mois, rejettent dans l'oubli les précédents, même s'il en émerge de temps en temps quelques « films-culte », isolés dans la mémoire où ils constituent un archipel d'objets erratiques, qui font blocs isolés dans l'imaginaire, mais ne constituent pas forcément pour autant un paysage structuré. L'une des caractéristiques des films-qu'il-faut-socialement-avoir-vus est leur pouvoir de séduction immédiat. Ce sont des films toujours-déjà aimables, n'offrant jamais de prime abord aucune résistance à la première vision, sans nécessité d'apprivoisement, des films totalement digestes.

L'argument de vente que l'on trouve aujourd'hui sur les affiches : par le réalisateur de … (quand ce n'est pas : par le producteur de … !) n'a évidemment plus rien avoir avec la politique des auteurs où c'est la singularité du cinéaste qui était mise en avant. Chaque nouveau film d'Hitchcock, qui a été le premier à afficher son nom comme argument de vente, devait surprendre par rapport au précédent. Aujourd'hui, il s'agit juste de garantir au client qu'il retrouvera le même produit et le même plaisir, dans une politique de marques.

Nietzsche parle dans *Le Gai Savoir* de cette nécessaire « étrangeté » de la véritable œuvre d'art, qui n'est pas immédiatement identifiable, qui demande un effort pour se révéler à nous lentement, qui est souvent un peu rebutante au moment de la première rencontre, avant que cette étrangeté ne devienne objet de tendresse.

L'équivalent de l'expression « consentement à l'œuvre » dont parle Simone Weil, c'est chez Nietzsche « l'effort et la bonne volonté » qu'il nous faut, au début de notre rencontre avec elle, « pour la supporter, en dépit de son étrangeté, user de patience pour son regard et pour son expression, de tendresse pour ce qu'elle a de singulier. »[8]

La collection des DVD « Eden cinéma »[9], aussi, est constituée de « films-qu'il-faut-avoir-vus », mais la prescription est d'un tout autre ordre. Si la présence de cette collection a un sens dans la classe ou dans l'école, ce n'est ni comme programme ni comme palmarès, mais pour laisser le temps faire son travail, pour apprendre à goûter pleinement les œuvres qu'elle contient, pour donner un accès simple aux liens, aux filiations, aux multiples mises en rapports qu'elle propose avec d'autres œuvres, d'autres champs culturels. Le but ultime de cette initiation n'est pas le savoir scolaire, qui relève de l'enseignement, mais d'apprendre à aimer, selon la formule de Nietzsche : « C'est justement de la sorte que nous avons appris à aimer tous les objets que nous aimons maintenant. Nous finissons toujours par être récompensés pour notre bonne volonté, notre patience, notre équité, notre tendresse envers l'étrangeté, du fait que l'étrangeté peu à peu se dévoile et vient s'offrir à nous en tant que nouvelle et indicible beauté : – c'est là sa gratitude pour notre hospitalité. Qui s'aime soi-même n'y sera parvenu que par cette voie : il n'en est point d'autre. L'amour aussi doit s'apprendre. »

La transmission.
La rupture de trame entre générations.

Je me souviens du dégoût éprouvé dans l'enfance et dans l'adolescence chaque fois qu'un adulte, même animé des meilleures intentions de dialogue, essayait de « comprendre » mes goûts dans ce qu'ils avaient de plus intimement personnels, de s'intéresser à quelque chose (un livre, un film) que j'avais élu pour qu'il soit précisément « à moi », et dont je voyais bien qu'il ne parlait pas vraiment à cet adulte plein de bonne volonté, mais dont je sentais trop qu'il s'y intéressait, finalement, par « paternalisme », chose que j'éprouvais comme une intrusion un peu obscène dans mon jardin privé. Je me suis juré de ne jamais « me pencher » sur les objets culturels élus par mes propres enfants, voire ceux des autres, sauf s'ils se trouvaient me concerner personnellement, et sans aucune raison transgénérationelle. J'éprouve aujourd'hui encore une répugnance très grande, chaque fois qu'un adulte, quelles que soient ses bonnes intentions, se penche sur la plaisir personnel, individuel, pris par les enfants à tel ou tel film. Ce plaisir-là ne nous regarde pas. Laissons les enfants prendre du plaisir à des films que nous jugeons nuls, ne serait-ce qu'au nom des horreurs que nous avons pu aimer avant que notre goût ne se constitue, petit à petit, et élimine au fur et à mesure les scories. Le pédagogiquement bien-pensant peut devenir dangereux lorsqu'il court le risque de l'obscénité.

Chaque fois qu'un adulte parle « au nom » d'une perception du film étrangère à son expérience strictement personnelle, celle des enfants en particulier, il court le risque du paternalisme et de la malhonnêteté intellectuelle. L'adulte (ou le pédagogue) doit évaluer le film à partir de ses goûts, de sa cultures, de ses convictions et de ses appartenances. Comment pourrait-il faire autrement ? Mais c'est une chose de partir de soi, et c'en est une autre – beaucoup plus antipathique – de le faire « au nom » des enfants, même si on doit le faire « pour » eux.

Il est normal, pourtant, que le pédagogue exerce une fonction de vigilance (faut-il montrer ce film ? comment ? qu'en faire ensuite ?), mais sur quelles bases ? Tout un chacun – même l'enseignant de cinéma – a été enfant, et dans le meilleur des cas il reste dans l'adulte qu'il est devenu quelque chose de l'enfant qu'il a été et dont le social n'est pas venu à bout ou qu'il a su préserver. Il lui faudra donc recourir en lui cette part d'enfance – qui est une condition essentielle du plaisir du cinéma – quand il regarde un film en se posant des problèmes de transmission. Tout bon spectateur de cinéma – contrairement au non-dupe et au petit-malin – fait d'ailleurs cette petite place en lui à l'enfant qui a envie de croire et congédie quelque peu l'adulte qu'il est devenu. Cette part d'enfance, le pédagogue peut la convoquer dans sa perception intime du film. Il est toujours beaucoup plus douteux d'exercer son jugement sur un film – même désigné comme destiné à un jeune public – « au nom » des enfants et de leur goût ou de leur plaisir. Le surmoi pédagogiste risque de refouler l'essentiel, à savoir deux vérités qu'un minimum d'auto-analyse suffit à retrouver pour son propre compte, dans son histoire individuelle, celle de la constitution de ses propres goûts et de ses propres critères en matière de jugement esthétique.

La première, c'est que l'enfant est le spectateur le plus intransigeant qui soit avec le critère de son propre plaisir. Aucune intimidation culturelle ou critique ne parviendra jamais à lui faire renier, en son for intérieur, le plaisir ou le déplaisir qu'il a réellement éprouvés à la vision du film. Le pédagogue ne pourra pas grand-chose contre ce qu'il y a d'irréductible pour l'enfant dans l'évidence vécue de cette expérience. D'une certaine façon, ceci vaut encore pour l'adulte, mais dans ses jugements avoués sur les films celui-ci est toujours, peu ou prou, un être social, de paraître et de compromis. Le cinéma, plus que jamais, est devenu un medium social et chacun sait aujourd'hui que ce qu'il dit des films participe, dans son petit réseau, à la construction de sa propre image. Ce qui n'est pas toujours simple quand on rejette, par goût et conviction sincères, un film « émouvant » qui fait l'unanimité du moment. Il faut parfois beaucoup de force pour ne pas céder sur son propre goût quand celui-ci entre en contradiction avec un élan collectif émotionnel ravageur, et que votre jugement vous relègue immédiatement dans la caste honnie des intellectuels sans-cœur, dont bien sûr, sensible comme vous l'êtes, vous n'avez aucune envie de faire partie !

La deuxième de ces vérités, que j'emprunte de mémoire à Fernand Deligny, c'est l'incroyable et réjouissante capacité de l'enfant à tout digérer, le meilleur comme le pire. Toute attitude trop pédagogiste est globalement dérisoire par rapport à cette évidence que personne ne peut faire faire à personne l'économie de ses expériences vécues, y compris et surtout dans la formation du goût et du jugement personnels. Quiconque se penche un peu honnêtement sur ce qu'ont étés ses goûts dans l'enfance et l'adolescence rencontrera presque à coup sûr un bric-à-brac hétérogène de belles choses, d'objets médiocres et d'horreurs sans noms. Le chemin du goût n'est jamais une belle allée de jardin à la française, il passe inévitablement par des sentiers inavouables, des chemins de traverse douteux, des impasses où l'on a été à deux doigts de se perdre. Il n'y a pas à le regretter, c'est au prix de ces risques et de ces hasards que chacun se constitue. Et on ne saurait le faire sans risque.

La seule attitude possible, pour le pédagogue, est de parler en toute honnêteté des films qu'il aime – avec la part d'enfance qui subsiste en lui – à la condition expresse qu'il y ait pris lui-même un réel plaisir de spectateur et non pas entrevu les plaisirs frelatés d'un pédagogisme paternaliste du type : « cela est bon pour eux, même si ça ne l'est pas pour moi ».

Pasolini, qui a été hanté par cette question de ce qui peut se transmettre, ou pas, entre deux générations, écrit dans *Pétrole*, son dernier grand roman posthume inachevé :

« Le mystère de la vie des pères est dans leur existence. Il y a des choses – même les plus abstraites ou spirituelles – que l'on ne vit qu'à travers le corps. Vécues à travers un autre corps, elles ne sont plus les mêmes.

Ce qui a été vécu par le corps des pères, ne peut plus être vécu par le nôtre. Nous essayons de le reconstituer, de l'imaginer et de l'interpréter : nous en écrivons donc l'histoire. Mais (…) ce qu'il y a de plus important en elle nous échappe irrémédiablement.

Ainsi, pour les mêmes raisons, nous ne pouvons pas vivre corporellement les problèmes des adolescents : notre corps est différent du leur, et la réalité vécue par leur corps nous est refusée. Nous le reconstituons, nous l'imaginons, nous l'interprétons, mais nous ne la vivons pas. Il y a, par conséquent, un mystère aussi dans la vie des enfants : et donc une continuité dans le mystère (un corps qui vit la réalité) : continuité qui s'interrompt avec nous. »[10]

L'adulte se doit de préserver ce mystère et ne pas faire semblent de croire qu'il pourrait, avec une bonne dose de volontarisme, comprendre ce que les adolescents vivent de leur culture « à travers le corps ».

Un autre écrivain-cinéaste, que l'on ne s'attendrait pas à rencontrer ici, a été littéralement obsédé par la question de la transmission, c'est Sacha Guitry, dont on sait comment la filiation artistique à son père, longtemps refusée par celui-ci, a été un chemin long et douloureux pour le fils. Cette question de la transmission est au cœur d'une pièce de 1918, *Debureau*, qui deviendra 32 ans plus tard un film. Le célèbre mime du boulevard du Temple, (interprété par Jean-Louis Barrault dans *Les Enfants du paradis* de Carné, film que Guitry n'aimait carrément pas) refuse que son fils exerce son art, et avec encore plus de véhémence qu'il utilise son nom pour quelque activité de scène que ce soit. « Tu crois qu'on apprend parce qu'on étudie ? » répond-il à son fils lorsque celui-ci lui fait part de son désir qu'il lui apprenne son métier. La transmission aura pourtant lieu, mais sur un mode qui ne doit rien à une quelconque pédagogie. Ce passage de relais du père au fils se fera en une seule fois, en une seule « leçon », avant que le fils entre en scène pour remplacer son père mourant. Au cours de cette leçon, Debureau demande à son fils de le regarder faire la pantomime, mais « surtout, lui dit-il, ne copie pas les gestes que je fais. »

Philippe Arnaud y voyait confirmation de la conviction que seul le désir (de l'élève) instruit, et que « rien ne se transmet selon les pseudo-lois pédagogiques d'une application sourde des données antérieures d'une autre existence », en tout cas rien qui en vaille vraiment la peine : « Dans *Debureau*, la dernière représentation est l'échec constaté, et la première et unique fois d'une transmission. C'est plutôt la brève et ultime touche donnée au désir ancien du fils, moment où le père cède et lui accorde tout, son nom qu'il lui avait précédemment refusé et l'état de mime, un « Tu peux » bien plus décisif que tout conseil précis ou technique de jeu, même s'ils existent furtivement. Tout le film est l'exposition de la condition vitale à toute transmission qui opère, le désir initial du fils, car c'est lui qui apprend, non l'enseignement (…). »[11]

La plupart des grands films sur la transmission vérifient cette hypothèse que « seul le désir instruit » et la seule transmission qui compte – celle de l'intransmissible disait Blanchot – se passe souvent de parole, ou passe en tout cas par très peu de paroles. Peut-être tout n'est-il pas à verbaliser dans un film, même en situation pédagogique, pour que les enfants sentent que quelque chose, qui n'a pas été dit, a quand même été vu dans la connivence de l'indicible. C'est ce que met en scène un film comme *Un été chez grand-père* de Hou Hsiao-hsien ou *Le Silence* de Bergman : un enfant regarde le monde tel qu'il n'a pas été filtré ni pré-parlé par les adultes, un monde où les manifestations du mal sont simplement visibles.

À propos de non-dit dans une transmission pourtant effective, un ami, dont le métier est d'écrire et de parler sur le cinéma, me raconte ce qui se passe quand il va voir un film avec son fils. Ils n'en parlent pas à la sortie, mais plusieurs jours après, il mesure si ce film lui a plu si celui-ci lui demande d'acheter la vidéo. Sinon, son fils ne lui parle plus de ce film dont ils ont pourtant traversé côte à côte l'expérience muette de le voir ensemble. Cette question est importante : de quels films un adulte parle-t-il avec un enfant, de quels films ne parlent-ils pas ? La transmission n'a-t-elle pas besoin, parfois, de silence et de partage tacite. Je n'ai jamais été partisan pour ma part, quand il s'agit d'approcher l'art, de l'injonction pédagogique à tout dire. J'ai toujours pensé qu'il faut respecter, dans l'approche de l'art, une part de non-dit, d'ébranlement personnel pour parler comme Julien Gracq, qui trouvera bien plus tard à résonner, ou à devenir moteur de création, et qu'une trop forte injonction à tout dire peut ruiner.

Cesare Pavese écrit en 1947, dans cet immédiat après-guerre où est née en France une génération « historique » de cinéphiles, ceux qui auront vingt ans au moment du surgissement de la Nouvelle vague, (Skorecki, Daney, Schefer, etc.) : « Une œuvre ne résout rien, de même que le travail de toute une génération ne résout rien. Les enfants – le lendemain – recommencent toujours et ignorent allègrement leurs parents, le déjà fait. La haine, la révolte contre le passé est plus acceptable que cette béate ignorance. Ce que les époques antiques avaient de bon était leur constitution où l'on regardait toujours vers le passé. C'est là le secret de leur inépuisable plénitude. Parce que la richesse d'une œuvre – d'une génération – est toujours donnée par la quantité de passé qu'elle contient. »[12]

Pavese commence à faire le constat, au lendemain de la guerre, que ce qui se nouait auparavant entre générations, même dans la révolte ou dans l'opposition de la jeune génération à celle qui la précédait, cède lentement la place à une sourde indifférence où plus rien ne saurait se tisser. Chaque génération s'est toujours construite une culture à elle, pour se démarquer – à partir de l'adolescence – de la culture des parents. Cette culture effarouchait les parents – elle était faite pour ça – et permettait à la nouvelle génération de se constituer une identité. Mais celle « nouvelle » culture n'empêchait pas qu'une trame continue de se tisser entre la culture des parents et les enfants. Les « jeunes » écoutaient « leurs » chanteurs, auxquels les parents étaient réfractaires, mais entendaient ceux de la génération précédente, et finissaient par les intégrer aussi à leur culture. De nouveaux goûts, de nouvelles couleurs arrivaient à point nommé mais la trame continuait de se tisser et parents et enfants arrivaient quand même à chanter ensemble dans la voiture du départ en week-end ou en vacances. Depuis une ou deux décennies les choses sont en train de changer, en France en tout cas, et la rupture de trame entre générations est de plus en plus sensible, posant à l'école un problème de taille et plus nouveau qu'il n'en a l'air. Les raisons de cette rupture de trame sont multiples. L'une d'elles est la naissance de cultures communautaires qui se sont constituées comme forme de résistance à des conditions objectives de ségrégation et d'exclusion. Ces cultures sont de plus en plus élaborées mais coupées, pour des raisons évidentes, de la société civile majoritaire qu'elles entendent dénoncer. L'individualisation des moyens de réception et de consommation (walkman, internet, distributeurs de cassettes, etc.) permet de choisir seul ou dans le petit groupe ce que l'on a décidé de consommer, sans passer par une socialisation de l'écoute. La prise de conscience, pour les marchands d'objets culturels, que le public jeune, de plus en plus jeune, était une clientèle dont il y avait tout intérêt à cultiver les goûts spécifiques en les ciblant comme tels. Ce sont les conditions de vie elles-mêmes, et de consommation de culture, qui ont joué un rôle essentiel dans cette rupture de trame.

Dans le domaine du cinéma, comme ailleurs, il s'est constitué une culture « jeune » dont les adultes en charge de la transmission du cinéma ne savent pas très bien que faire, car ils ont souvent le sentiment que ces films ne les concernent pas personnellement. Même s'ils mesurent lucidement que ces films renvoient à leurs spectateurs des modèles dont l'efficacité, en terme d'image, de comportements, de langage, est loin d'être négligeable, et qu'il leur faut bien en tenir compte. C'est une question cruciale aujourd'hui, même si elle est moins sensible pour le moment à l'école primaire où les enfants ont encore une grande capacité d'accueil des films qui leur sont proposés par les adultes. La démagogie et le commerce font bon ménage pour promouvoir ce « jeunisme » dont l'école va devoir affronter de plus en plus les effets, sans bien savoir comment le faire avec la culture du respect et de la tolérance qui est la sienne.

J'ai eu l'occasion de voir fonctionner, dans le dispositif « Cinéma cent ans de jeunesse » une stratégie simple qui n'est pas une panacée mais qui me semble tenir une posture juste par rapport à cette ségrégation des cultures cinéma jeunes et adultes. Chaque année, l'ensemble des classes concernées – de tous niveaux (du CP à la Terminale), de plusieurs régions de France et de milieux sociaux très contrastés – travaille une même question de cinéma (par exemple « le point de vue », « espace réel/espace filmé », etc.). Pour approcher cette question, les enseignants et les professionnels du cinéma qui les accompagnent dans ce projet disposent d'une cassette contenant de nombreux extraits de films, significatifs sur le sujet, pris dans le patrimoine le plus large du cinéma. Ces cassettes, qui ont joué pour moi un rôle de préfiguration par rapport aux DVD thématiques (le plan, le point de vue, le vocabulaire) de la collection « L'Eden cinéma », ne sont pas ciblées pour telle ou telle tranche d'âge, tel ou tel milieu scolaire : chaque enseignant ou intervenant y puise ce que bon lui semble par rapport à la situation pédagogique réelle dans laquelle il se trouve. Ces extraits, choisis par des adultes, traversent à chaque fois des grands pans de l'histoire du cinéma, mais relèvent évidemment d'une culture de génération : comment pourrait-il en être autrement sans démagogie ? La (bonne) idée est venue à certains de ces adultes, après avoir travaillé en classe sur une série d'extraits, par exemple sur le hors-champ sonore, de demander aux élèves d'amener à leur tour en classe, pour la séance suivante, des extraits de « leurs » films qui pourraient entrer dans la série. Et ils ont vu arriver, à la séance d'après, des films dont ils ne soupçonnaient même pas l'existence, relevant visiblement d'une culture de génération, mais dont les extraits calés par les élèves montraient qu'ils étaient effectivement travaillés par la question du hors-champ sonore et que les élèves avaient su transposer une question de cinéma posée en classe à des films culturellement tout à fait hors du champ scolaire. Le fait qu'il soit question, devant ces extraits « à eux », de cette question de cinéma « commune », préservait au mieux ces extraits comme « propriété affective » de ces enfants, sans donner prise à un quelconque voyeurisme d'adulte sur cette culture qui n'est pas la leur.

Dans le domaine de la transmission du cinéma, une autre question « historique » se pose aujourd'hui en France en termes de générations, du côté des professeurs cette fois. Les enseignements de cinéma, là où ils existent, dans les options des lycées par exemple, ont été assurés depuis leur création par une génération de professeurs issus de la cinéphilie militante et formés, en gros, par les ciné-clubs et les revues de cinéma. Cette génération a porté à bout de bras, avec enthousiasme et conviction, toutes les avancées du cinéma dans l'Éducation nationale depuis plus de vingt ans. Elle a constitué son système de valeurs à une époque où il allait de soi qu'un cinéphile se devait d'avoir vu tous les films, et où l'amour du cinéma était une passion pour laquelle on ne comptait ni son temps ni son énergie. Cette cinéphilie « historique » n'a plus son équivalent dans les générations plus jeunes dont les conditions de l'accès au cinéma n'ont pas été les mêmes, pour qui la formation du goût du cinéma est passé par la télévision, la cassette, la transmission universitaire parfois. L'histoire de l'entrée du cinéma dans l'éducation nationale a fait que cette première génération « historique », assez homogène, a tenu pendant toute sa carrière les rares postes où un enseignement du cinéma était possible et qu'il n'y a pas eu, là non plus, passage de relais entre générations. Lorsqu'elle va partir à la retraite, ceux qui vont les remplacer dans cet enseignement du cinéma n'auront pas bénéficié d'une transmission directe et ne leur ressembleront plus du tout. Il va y avoir inévitablement rupture, mutation, changement d'état d'esprit, ce qu'il ne faut pas craindre, mais qui a quand même été trop peu pensé ni préparé. Je continue de regretter, pour ma part, que les stages de formation au cinéma organisés dans l'Éducation nationale soient réservés pratiquement exclusivement aux plus anciens, en fin de carrière, alors que ces stages pourraient être l'occasion d'un passage de relais de savoirs, de convictions, de méthodes, d'expérience entre ces cinéphiles militants de la première génération et de jeunes enseignants qui y participeraient, même s'ils n'ont encore aucune pratique pédagogique dans ce domaine, pour se préparer à leur succéder. Le système de sélection au mérite et à l'ancienneté qui fait que ces stages de formation sont pratiquement fermés à ceux qui en auraient le plus besoin annoncé n'aidera pas à ce saut de générations.

Transmission du cinéma et transmission au cinéma.

La transmission est l'un des sujets de prédilection du cinéma. Pour la raison simple que la transmission est souvent de l'ordre de la lettre, de l'inscription, de la circulation et de la répétition, souvent inconsciente, d'un signifiant. Et que le cinéma est un des arts les mieux placés, à cause de son déroulement temporel et de son inscription visuelle et sonore pour rendre immédiatement sensible, visible, audible, ce signifiant et son mode de circulation et de transmission.
Dans *Les Contrebandiers de Moonfleet*, pour prendre un exemple des plus classiques, la transmission passe par le Y qui relie le petit John Mohune à son ancêtre Barberousse, et qui circule comme un fil rouge tout au long du film, de la

chevalière au tombeau, du tombeau à la pierre dans le puits. L'inconscient, qui est le véritable moteur de cette transmission, va travailler sous la forme de signes cryptés (c'est le cas de le dire !) qui demanderont tous du temps pour devenir déchiffrables aux yeux mêmes des protagonistes et du spectateur qui les accompagne dans ce dévoilement progressif des énigmes. Il faudra une longue circulation du manuscrit pour que les versets mal numérotés de la Bible livrent leur sens caché. Car ce qui est à déchiffrer, en réalité, sous ces apparences romanesques gothiques, c'est l'indécidable même, c'est-à-dire la désignation de la Paternité dont on sait bien qu'elle ne peut être, dans tous les cas, qu'une question de croyance. « John est-il le fils de Jeremy ? » est la question à laquelle nul ne peut lui répondre depuis la mort de sa mère. La transmission entre John Mohune et Jeremy Fox passera par l'initiation au déchiffrage des signes. Fox, sur la lande, dévoilant avec la plus grande facilité le code secret du fameux manuscrit trouvé par John dans le médaillon de Barberousse, jouera, à son corps défendant, un rôle de transmission où John est déjà son héritier, son initié privilégié.

Dans *Un monde parfait*, de Clint Eastwood, c'est une pauvre carte postale qui va circuler entre Butch le hors-la-loi et son père, puis entre Butch et le petit Buzz, l'enfant qu'il a rapté. Cette lettre venue d'Alaska autorise le fils à penser que son père ne l'a pas totalement abandonné, et au moment de mourir, il la transmet à Buzz qui s'y accroche à son tour avec l'énergie du désespoir : cette lettre où s'inscrit la transmission est bien arrivée à destination, dans une répétition peut-être mortelle entre trois générations d'hommes.

La transmission du cinéma est longtemps passée par la transmission au cinéma comme sujet de film. Beaucoup de grands films qui ont inoculé l'amour du cinéma ont pour sujet même la transmission, la filiation (et la rencontre avec le mal, l'exposition au mal). On sait le rôle joué par *Les Contrebandiers de Moonfleet* pour une génération de cinéphiles qui y ont noué un lien à vie avec le cinéma. Ces petits garçons qui avaient pour la plupart des démêlés avec la question paternelle (pères morts, absents, faibles ou défaillants) ont rencontré dans ce film, sur le mode de la fulgurance, un déploiement flamboyant de la question qui les travaillait, une interrogation en acte sur « qu'est-ce qu'un père ? ». Sans doute aussi parce que ce film leur parlait, mieux que tout autre, de leur rapport au monde : un enfant, comme eux, voit des choses dont il sent bien qu'elles le concernent, qu'elles sont vitales pour lui, même s'il n'est pas encore tout à fait en mesure de les comprendre complètement, sinon par intuition, et qu'elles constituent la part d'énigme du monde des adultes dont il dépend : la sexualité, la trahison, la violence, la mort.

La transmission, lorsqu'elle n'est pas une pure fonction du social, met toujours en jeu quelque chose qui échappe à la simple volonté de transmettre (qui est celle, par définition, de l'école) et relève de la circulation inconsciente d'une lettre, d'une phrase, d'un signe, d'une image. Elle tranche résolument entre les cinéastes appliqués, qui ne croient qu'à la maîtrise et au scénario, et ceux, pour qui le cinéma est un art, qui savent que les puissances du cinéma relèvent aussi du Symbolique et de l'inscription d'une lettre dont ils ne peuvent prétendre régler de façon policière la circulation. Cinématographiquement, c'est évidemment la transmission la plus intéressante. Et psychiquement celle qui laisse le plus de traces. Elle met salutairement en jeu les limites de tout volontarisme en matière de pédagogie du cinéma. Rien d'étonnant à ce que les plus grands cinéastes s'y soient confrontés, avec le sentiment d'approcher là un sujet qui avait à voir avec l'essence même de leur art. Certains (comme Mizoguchi) en ont même fait leur grand sujet. Je citerai en vrac quelques-uns des grands films de l'histoire du cinéma qui travaillent cinématographiquement cette question de la transmission : *Une femme dont on parle, L'Intendant Sansho* et *Le Héros sacrilège*, de Kenji Mizoguchi, *La Couleur de l'argent* de Martin Scorsese, *Celui par qui le scandale arrive* de Vincente Minnelli, *Le Silence* et *Sonate d'automne* d'Ingmar Bergman, *Allemagne année zéro* de Roberto Rossellini, *Les Contrebandiers de Moonfleet* de Fritz Lang, *Un monde parfait, Impitoyable* et *La route de Madison* de Clint Eastwood, *Les Oliviers de la justice* de James Blue, *Steamboat Bill Junior* de Buster Keaton, *Le Kid* et *Les Feux de la rampe* de Charlie Chaplin, les films dits pédagogiques, *Devoirs du soir* et la trilogie *Où est la maison de mon ami ?*, *Et la vie continue* et *Au travers des oliviers* de Abbas Kiarostami, *Shangaï gesture* de Josef von Sternberg, *Un été chez grand père* de Hou Hsiao-hsien, *Debureau* et *Mon père avait raison* de Sacha Guitry, la plupart des grands westerns de Howard Hawks (*Rio Bravo, Rio Lobo, El Dorado*) *L'Enfance nue* de Maurice Pialat, *L'Enfant sauvage* de François Truffaut. Cette liste n'est qu'une petite partie de celle que l'on pourrait dresser pour faire la preuve que le cinéma, et le plus grand, a ontologiquement à voir avec ce sujet de la transmission.

Il y aurait enfin une autre façon, plus culturelle, de parler de filiations au cinéma, celles qui passent de cinéaste à cinéaste appartenant à des générations différentes, et celles qui passent de film à film, revendiquées ou pas. Ces filiations permettent de construire des liens parfois totalement imprévisibles entre des films apparemment aussi éloignés que *Les Contrebandiers de Moonfleet* et *Un monde parfait*, ou *La Jetée* de Chris Marker et *L'Armée des douze singes* de Terry Gillian. Le cinéma moderne a inscrit dans quelques-uns de ses plus beaux films cette adoption d'un père cinématographique par les ciné-fils orphelins en mal de filiation élective : Godard et le Fritz Lang du *Mépris*, Wenders et le Nicholas Ray de *L'Ami américain* et de *Nick's movie*. On pourrait tresser le lien, par exemple, de ce qui se transmet du cinéma entre Fritz Lang,

Nicholas Ray, Godard, Wenders, Fassbinder, et qui passe évidemment par la question des pères et des fils, de comment ils se choisissent et de comment ils l'inscrivent dans leurs films.

1. Serge Daney, L'exercice a été profitable, Monsieur, P.O.L., 1993.

2. Philippe Arnaud, Les paupières du visible, Yellow Now, coll. Côté cinéma, 2001.

3. Jean Louis Schefer, L'homme ordinaire du cinéma, Petite bibliothèque des Cahiers, 1997.

4. Serge Daney, Trafic 4, automne 1992, P.O.L.

5. Cet enfant de cinéma que nous avons op. cit.

6. Julien Gracq, Un beau ténébreux, éd. José Corti, 1992.

7. Vladimir Nabokov, Littératures 1, coll. biblio essais n° 4065, Le Livre de poche, 1987.

8. Friedrich Nietzsche, Le gai savoir, folio essais, LGF, 1993.

9. La collection « L'Eden cinéma » a été conçue pour accompagner le Plan de cinq ans dans le domaine du cinéma. Elle est éditée par le Sceren (ex-CNDP).

10. Pasolini, Pétrole, coll. Du monde entier, NRF Gallimard, 1995.

11. Philippe Arnaud, Sacha Guitry cinéaste, ed. Yellow Now, ed du Festival International du film de Locarno, 1993.

12. Cesare Pavese, Le métier de vivre, 18 août 1947, NRF Gallimard, 1965.

V - CENT FILMS POUR UNE CULTURE ALTERNATIVE

Une dévédéthèque de classe.

C'est sur la base de cet état des lieux, à la fois interne au système éducatif et externe (la situation actuelle du cinéma et du spectateur) que la stratégie qui m'a semblé la plus juste et la plus urgente, au sein de l'Éducation nationale, était de deux ordres : fournir un premier capital de films susceptibles de constituer une alternative au cinéma de pure consommation ; établir et proposer, grâce aux possibilités du DVD, une pédagogie du cinéma légère en didactisme, fondée essentiellement sur la mise en rapport de films, de séquences, de plans, d'images venues d'autres arts.

La première proposition est à mes yeux de la plus haute importance. Les enfants et les jeunes d'aujourd'hui ont de moins en moins de chances de rencontrer dans leur vie sociale normale d'autres films que ceux du « main stream » de la consommation courante. L'école (et les dispositifs qui lui sont liés)[1] est le dernier lieu où cette rencontre peut encore avoir lieu. Il est donc plus que jamais dans sa mission de faciliter l'accès – de façon simple et permanente – à une collection d'œuvres donnant une haute idée, non démagogique, de ce qu'a pu produire de mieux le cinéma, et tout le cinéma.

Les DVD de la collection « L'Eden cinéma » ont cette visée de constituer en quelques années une première vidéothèque que j'ai envie de qualifier « d'urgence », composée d'une centaine de films, petit îlot de stabilité face à l'amnésie galopante et à la rotation de plus en plus rapide des films vitrine, dont chacun efface le précédent dont il reprend *grosso modo* la même affiche. Cent films, fréquentés durablement, sur lesquels on ne cesserait de revenir pendant toute la scolarité, constitueraient un véritable viatique et une alternative de poids. Il ne s'agirait pas d'un programme, avec des œuvres obligatoires dont l'étude serait soumise à notation ou à examen, mais d'une malle aux trésors toujours disponibles, aussi bien pour les enseignants que pour les élèves, susceptibles d'être convoqués par extraits à tout moment de la vie de la classe. La chance du cinéma c'est de susciter spontanément, sans avoir besoin de stimulants artificiels, la curiosité et l'envie des enfants, et ceci vaut aussi pour des films qu'un adulte n'aurait même pas l'idée de leur proposer. Un ami enseignant, qui travaille dans une des classes les plus « extrêmes » de France, une sorte de « cage aux fauves » réservée à des enfants rejetés du système scolaire, réputés irrécupérables, violents et incapables en début d'année de la moindre concentration, arrive à capter leur attention et leur intérêt avec des films comme *Un condamné à mort s'est échappé* de Robert Bresson que personne n'oserait même montrer à des enfants normalement scolarisés.

Cette collection se doit de rassembler des films venus de toutes les univers cinématographiques du monde (l'Inde aussi bien que l'Amérique, l'Afrique et la Chine aussi bien que la France) et de tous les âges du cinéma. Ceci non par œcuménisme ni encore moins par encyclopédisme mais pour deux raisons majeures.

La première est que la force du cinéma, et la puissance de l'expérience à laquelle nous convient les meilleurs films, réside dans le fait qu'il « nous a donné accès à d'autres expériences que les nôtres, nous a permis de partager, ne serait-ce que quelques secondes, quelque chose de très différent. » C'est Serge Daney qui parle et qui ajoute, à propos de cette expérience vécue, intime, de l'altérité que le cinéma permet peut-être plus nativement que tout autre art : « J'en suis reconnaissant au cinéma. »

Quand je parle d'universalité, ce n'est évidemment pas de l'universalisme que visent les films sans singularités, faits pour plaire à tout le monde. L'universalité de Hou Hsiao-hsien est d'être pleinement taïwanais, celle de Mustapha Dao de se faire sur fond de tradition du conte africain. Cette universalité n'a pas le moindre rapport avec ces nouvelles productions « européennes » qui donnent des films lisses, fondés sur une culture européenne moyenne, en gommant soigneusement toutes les singularités qui pourraient faire différence.

La seconde est que, de plus en plus, le cinéma proposé à la consommation courante efface toute trace de son passé et de ce qui n'est pas lui. La rotation de plus en plus rapide des « films-qu'il-faut-avoir-vus » s'accompagne de l'effacement de toute origine et de tout lien avec l'histoire du cinéma à laquelle, qu'il le veuille ou non, tout film est redevable. Certains blockbusters, remakes de films plus anciens, réussissent à se blanchir de cette origine en la scotomisant totalement, comme s'ils devaient surtout ne rien devoir à leurs prédécesseurs. Clint Eastwood est un magnifique contre-exemple de cette volonté de ne rien devoir au passé : chacun de ses films s'adosse à la grande culture du cinéma américain des films de genre dont il prend en charge l'héritage, et dont il produit des formes contemporaines novatrices.

Cette collection doit être présente sous forme d'objet non intimidant, d'accès facile et permanent dans l'enceinte scolaire elle-même. J'ai rêvé, en en voyant arriver les premiers titres, du jour où deux ou trois enfants, au lieu d'aller en récréation, pourront regarder librement, pour la seule raison qu'ils en ont eu envie, sans avoir besoin de la présence d'un adulte, une scène de trois minutes de *Où est la maison de mon ami ?* de Kiarostami, des *Quatre cents coups* de François Truffaut, de *La petite vendeuse de soleil* de Djibril Diop Mambety, ou des *Contrebandiers de Moonfleet* de Fritz Lang. Ce jour-là, quelque chose aura radicalement changé dans le rapport de l'école au cinéma. Si, en même temps, les enseignants de toutes disciplines, peu à peu accoutumés, eux aussi, à cette vidéothèque de classe (ou d'école) commencent à s'en servir avec la même liberté pour des usages très divers, à tous moments et pas seulement au moment consacré au cinéma, l'hypothèse cinéma aura pris tout son sens.

C'est au prix de cette fréquentation régulière, petit à petit, tout au long de la scolarité, d'une centaine d'œuvres détachées des modes et des engouements passagers et collectifs, que commencera à se constituer, au sein de l'école, par lente imprégnation, par approches successives sous des angles d'attaque variés, dans le cadre de cours différents, les prémices d'un goût pour le cinéma qui n'a évidemment rien à voir avec ce que l'on appelle encore aujourd'hui les « goûts » du public, dictés par l'offre commerciale. Il ne s'agit pas de former un autre goût, mais tout simplement de former un goût, non pas en assénant des « valeurs de goût » à fortes doses, et trop concentrées pour être véritablement assimilables (comme les vitamines en pilule dont l'organisme rejette une grande partie), mais par la lente et répétée fréquentation des œuvres. De ce point de vue-là, la sortie scolaire en salles, même bien préparée et prolongée, ne suffit pas. Pour avoir aujourd'hui quelque poids dans la formation du goût, il faut impérativement que les films soient aussi *dans* l'école pour que le cinéma entre dans les mœurs par imprégnation.

La situation a considérablement changé depuis l'époque où les films, sans être égaux devant le public (ils ne l'ont jamais été), étaient beaucoup moins ségrégués en films de consommation et films de création ou de patrimoine. Pendant mes années de rencontre avec le cinéma, c'était à peu près les mêmes salles qui passaient les films de Cecil B. DeMille, les premiers films de la Nouvelle Vague et les films comiques standards français. Même si les budgets publicitaires ont toujours été inégaux, les films riches n'occupaient pas, comme aujourd'hui, la quasi totalité du parc des salles, et toute la place, ou presque, consacrée au cinéma dans les médias. Les films sont donc plus inégaux que jamais devant le public, ce qui a pour effet de retrancher sournoisement les films « différents » et les films incontournables de l'histoire du cinéma dans un ghetto de plus en plus fermé. L'école se doit de proposer une autre culture, qui ne s'est jamais voulu « alternative », mais qui finira par le devenir, à son corps défendant, devant un cinéma imposé de plus en plus massivement comme « le tout » du cinéma. C'est peut-être LA culture tout entière, tout simplement, qui est en passe de devenir « exception » devant les gros canons du bombardement des produits industriels.

De Pokemon à Dreyer.

Je n'ai jamais cru, pour ma part, à la théorie « de-Pokemon-à-Dreyer » selon laquelle il faudrait partir de ce que les enfants aiment spontanément pour les amener peu à peu vers des films plus difficiles. En littérature, on se souvient de ce qui s'est passé dans les années soixante-dix lorsque les profs de lettres ont pris le parti de commencer par Boris Vian pour aller progressivement vers Flaubert : *Madame Bovary* a attendu longtemps, en vain, ces nouveaux lecteurs qui ont fini par s'enliser dans les pages de *L'écume des jours* et se réfugier avec délices dans celles d'*Astérix*.

L'argument « partir de ce qu'ils aiment » est souvent entaché de démagogie et d'un certain mépris de l'enfant. Surtout à une époque où l'on sait très bien comment ils ont été amenés à « aimer ce qu'ils aiment ». On est plus loin que jamais d'un goût ou d'un appétit spontané, ou individuel, qui mériterait effectivement considération et respect. Les tenants de la théorie « de-Pokemon-à-Dreyer » font comme s'ils ignoraient qu'aujourd'hui, en matière de cinéma, le public jeune est avant tout une cible pour les marchands de films et de produits dérivés qui n'ont, eux, aucun souci ni respect de la formation du goût des enfants.

Le rôle de l'école, en matière d'initiation à l'art, ne saurait être de faire du « tire-fesse » culturel en partant de ces pseudo-goûts de marketing. Une culture artistique véritable ne peut se construire que sur la rencontre avec l'altérité fondamentale de l'œuvre d'art. Seuls le choc et l'énigme que représente l'œuvre d'art par rapport aux images et aux sons banalisés, prédigérés, de la consommation quotidienne est réellement formatrice. Le reste n'est que mépris de l'art et de l'enfant. L'art ne peut être que ce qui résiste, ce qui est imprévisible, ce qui dans un premier temps déroute. L'art doit rester, même en pédagogie, une rencontre qui prend à revers toutes nos habitudes culturelles. Quiconque prétend conduire en douceur des produits de consommation vers l'art est déjà dans la méconnaissance et la trahison de l'art. Si l'on veut enrober la culture pour la rendre plus appétissante ou plus digeste, c'est que l'on est profondément convaincu que c'est une pilule amère dont il faut dissimuler le goût. L'accès véritable à l'art ne saurait être confortable ou passif. On ne «tire» pas les enfants vers l'art comme les bœufs vers la charrue. On les expose à l'art, même si cela est parfois explosif. Ce n'est pas l'art qui doit exposé sans risques aux jeunes spectateurs, mais eux qui doivent être exposés à l'art, et qui peuvent s'en trouver bouleversés.

Les plus beaux films à montrer aux enfants ne sont pas ceux où le cinéaste essaie de les protéger du monde, mais souvent ceux où un autre enfant joue le rôle de tampon, d'intermédiaire, dans cette exposition au monde, au mal qui en fait partie, à l'incompréhensible. Ce sont ces films-là qui agissent le plus en profondeur sur les enfants et les adolescents : *La Nuit du chasseur*, *Les Contrebandiers de Moonfleet*, *Un monde parfait*, *Un été chez grand-père*, *Allemagne année zéro* … Ce semblable, à qui on peut s'identifier même quand on ne comprend pas plus que lui le mal qui l'environne (on s'identifie alors à son incompréhension) protège des agressions du monde telles qu'elles sont présentes dans le film, sans les cacher pour autant. L'exposition au mal qui circule (Bresson) ou qui surgit (Buñuel) dans le monde est moins traumatisante si elle passe par un personnage de la fiction qui y est en quelque sorte « à notre place », en première ligne, afin de nous laisser un peu de recul et de réserve. Mieux vaut s'identifier à un personnage de semblable qui ne comprend pas tout, que se sentir exclu « directement », personnellement, de ce que l'on ne comprend pas. Il en va de même pour l'adulte dans le film noir : si le détective privé traverse des scènes sans les comprendre pour le moment, cela ne nous gêne pas d'en faire autant et de regarder ce à quoi il est exposé sans chercher d'abord à en épuiser le sens scénarique. C'est déjà une pédagogie du regard : accepter de voir les choses, avec leur part d'énigme, avant de mettre des mots et du sens dessus.

Il n'y a pas de chemin, ni droit ni sinueux, qui conduirait des films américains standard à *Où est la maison de mon ami ?* de Kiarostami, à *L'Évangile selon Saint Mathieu* de Pasolini ou à *Un été chez grand-père* de Hou Hsiao-hsien. Il n'y a pas à « s'excuser » de la « lenteur » du film d'Abbas Kiarostami ou de Hou Hsiao-hsien, il faut y exposer sereinement des enfants habitués à d'autres films, à d'autres rythmes, à d'autres scénarios. Il faut accepter tout aussi sereinement les premières réactions, même désagréables, provoquées chez eux par le choc d'être confrontés à un cinéma dont ils n'ont parfois même pas idée. La seule expérience réelle possible de la rencontre avec l'œuvre d'art passe le sentiment d'être expulsé du confort de ses habitudes de consommateur et de ses idées reçues. Elle se traduit spontanément chez des enfants et encore plus chez des adolescents en groupe, soucieux de leur image de non-dupes devant les autres, par des attitudes premières de rejet et de défi.

Ce qui parle le plus à l'enfant, comme à l'adulte, n'est pas forcément ce qu'il a l'habitude d'entendre. Toute la question est de savoir ce que l'on entend par « parler à ». Si l'on s'en tient à la banale communication médiatique, c'est aux enfants comme public de masse que parlent les films « sur mesure », et ils leur parlent à tous de la même manière. Si l'on pense que l'art est d'abord un ébranlement personnel, « parler à » est quelque chose de beaucoup plus intime, inconfortable, énigmatique. C'est cette rencontre-là qu'il faut viser, même si ses effets ne sont pas immédiatement visibles ni quantifiables. La vraie rencontre avec l'art est ce qui laisse des traces durables.

Le cinéma, petit à petit.

Pour résister un tant soit peu au consumérisme amnésique qui est massivement aujourd'hui celui du cinéma, il faut prendre en compte le facteur temps. L'engouement pour les films qu'il faut socialement avoir vus a remplacé le goût, qui ne peut se former que par accumulation de culture, et requiert du temps et de la mémoire. Le goût, en quelque domaine que ce soit, ne peut se former que lentement, petit à petit, pas à pas. Il ne s'enseigne pas comme un dogme. Au mieux il se transmet, se désigne, mais il ne saurait se constituer que sur la base d'une fréquentation répétée d'une collection d'œuvres qui doivent être lentement assimilées et agir par imprégnation plutôt que par transmission volontariste. Le rôle de l'école, aujourd'hui, est dans un premier temps d'organiser la rencontre avec les œuvres, dont le meilleur lieu est plus que jamais la salle de cinéma. Mais cette rencontre doit être prolongée par une fréquentation durable des mêmes films, où chacun va peu à peu apprivoiser ces œuvres, les incorporer à son propre imaginaire. C'est rien moins qu'un imaginaire cinéma qu'il s'agit de reconstituer, là où il n'y a souvent plus que superposition de films autistes.

La rencontre du film en salle, telle qu'elle est assurée par des dispositifs comme Ecole et cinéma, Collège au cinéma et Lycéens au cinéma, est indispensable. Mais l'Education nationale, si elle entend véritablement mener une politique du cinéma dans le système scolaire, ne saurait s'en contenter. Que serait une éducation musicale qui consisterait à emmener les élèves trois fois par an au concert sans leur donner accès au disque ? Ou une éducation aux arts plastiques qui se bornerait à des visites de musée, sans la possibilité de retravailler en classe sur des reproductions de tableaux ? Aucune politique sérieuse du cinéma à l'école ne saurait avoir quelque chance d'être efficace s'il n'y a pas aussi des films dans l'école, en permanence, comme il y a des livres et des disques.

L'autre raison, incontournable, qui plaide pour une collection de films dans l'école, est que la concentration de plus en plus grande des salles de cinéma sur le territoire national crée des zones désertiques où un nombre croissant d'enfants n'ont plus accès à aucun cinéma de proximité. Et s'il arrive à ces enfants, occasionnellement, d'aller voir un film avec leurs parents au multiplex qui jouxte le supermarché des « grandes courses » du samedi, il y a peu de chances qu'ils y rencontrent *Où est la maison de mon ami ?* ni même *Les Quatre cents coups*. Pour ces enfants-là, la présence d'une collection de films dans la classe ou dans l'école me semble être quasiment un devoir pour l'Education nationale. Elle seule peut créer les conditions d'une mise au contact qui deviendra peut-être rencontre, même si rien jamais ne le garantit.

L'idéal serait que cette collection de films accompagne les élèves tout au long de leur scolarité, de la maternelle à la terminale. C'est sur ce principe qu'a été pensée la collection « L'Eden cinéma », sur le refus de « cibler » une tranche d'âge précise, pour employer un vilain mot de publicitaire : chaque DVD est à la fois composé et découpé pour que le même enfant puisse en découvrir une séquence en maternelle, trois autres en CP, le film entier en CM, certaines analyses au lycée. Ce n'est pas les films qui doivent changer en cours de route, mais l'approche que chacun peut en faire selon son degré de maturité, de culture, de capacité d'analyse. Même s'il est évident qu'il existe aussi des chefs-d'œuvre exigeant un spectateur adulte, et qui ne sauraient concerner un enfant d'école primaire ou de collège.

Le cinéma, c'est aussi des mots, des dialogues, de la langue. Il n'y a plus de raison, sur un support DVD, où l'on peut aisément multiplier les versions, d'avoir une attitude de rejet de la version doublée en français, qui permettra à un enfant de maternelle ou de cours préparatoire d'accéder à une scène d'un film américain ou italien, dès lors qu'il pourra plus tard voir le film en version originale sous-titrée sur le même disque. Il aura même accès, à ce moment-là, à la version anglaise ou italienne sous-titrée intégralement dans la langue même du film (chaque mot prononcé écrit en anglais ou en italien dans les sous-titres) pour s'initier à une langue étrangère. Il faut continuer à se battre contre le recul des VO dans les chaînes de télévision françaises, même celles à vocation culturelle, et dans les grands réseaux de salles, mais le problème d'accès aux différentes versions doit être repensé autrement, à l'école, avec le support DVD qu'il faut utiliser au mieux de son potentiel pédagogique.

Le DVD, entre la salle et internet.

Depuis l'annonce du Plan de cinq ans, il se sera écoulé à peine plus d'un an, au cours duquel quelque chose s'est joué – au croisement de l'idéologie, de l'évolution technologico-commerciale et des enjeux pédagogiques – à propos de l'introduction d'une collection de DVD dans l'école pour l'approche du cinéma comme art. Un an plus tard, un blocage symbolique a visiblement sauté, et les polémiques sur le DVD se sont apaisées, même si cela a nécessité beaucoup de patience et d'explications.

Cette annonce de production de DVD pour l'école a suscité aussitôt une double réaction que je pourrais résumer ainsi.

Du côté des salles de cinéma et des dispositifs fondés sur ces salles, on m'a répondu qu'il n'y avait point de salut hors de la salle et que le DVD dans les écoles allait précipiter l'abandon de la pratique de la séance de cinéma. Cette annonce, il est vrai, est tombée dans un contexte difficile pour les salles les plus indépendantes, dont la vocation est de diffuser des films de création.

D'un autre côté, celui de l'idéologie technologico-futuriste, on m'a rétorqué que le DVD, en tant qu'objet matériel, appartenait déjà au passé, et qu'il était absurde de choisir quelques pauvres titres de films (six pour la première année) alors que bientôt chacun pourrait convoquer à volonté des milliers de films sur Internet. Cette attitude technologico-futuriste relève en réalité souvent d'un immobilisme confortable masqué par une fuite en avant goguenarde et arrogante, qui n'a jamais à fournir les preuves de ce qu'elle avance : « Ce que vous faites est déjà dépassé, moi j'attends que l'avenir que je fantasme arrive pour commencer à bouger ». Comme l'horizon technologique ne cesse de reculer, cela permet de faire résolument du surplace en proférant des prophéties et des anathèmes dont personne n'ira jamais vérifier plus tard le bien-fondé.

Du côté des salles.

Ceux qui ont fortement réagi à l'annonce de la production de DVD cinéma pour l'école n'en ont vu qu'un seul aspect, qui a joué le rôle de chiffon rouge : on pourrait visionner, voire « projeter » des films en classe. Ce qui a fait peur, c'était que la salle de classe ou l'école puisse devenir un espace de projection susceptible de concurrencer la salle de cinéma.

L'argument mis en avant a toujours été le même : la salle de cinéma devait rester le lieu unique et irremplaçable de la rencontre collective avec le film. Hors de la salle et de son public collectif, hors de la sortie de l'établissement scolaire, hors de la « magie » de la projection dans le noir, point de salut. On peut se contenter d'accepter tout ceci comme une pure conviction, un « credo » ne souffrant aucune discussion. On peut aussi essayer de comprendre ce que l'on entend par cette fameuse « magie » de la projection en salle, à laquelle, soit dit en passant, j'ai toujours personnellement adhéré et que je n'ai cessé de défendre dans cette querelle passagère.

Après tout, l'argument de la vision collective n'en est pas vraiment un : en quoi un collectif se réunissant dans un établissement scolaire pour voir un film serait-il moins collectif que celui qui se réunit dans une salle de cinéma ? Les ciné-clubs d'établissement, à l'époque glorieuse des projections en 16 mm, participaient indiscutablement des valeurs de la projection collective ritualisée et de ses effets irremplaçables sur la réception du film par les spectateurs. La sortie hors de l'enceinte scolaire est un argument à double tranchant. Il est vrai que l'attitude des élèves – et peut-être leur capacité d'accueil d'une œuvre – n'est sans doute pas la même dans le cadre institutionnel de l'école, lieu des obligations et des programmes, et dans un lieu prestigieux de la cité paré des séductions commerciales. Mais on sait aussi que l'excitation de la sortie produit parfois des effets pervers d'inattention et de défoulement qui ne favorisent pas toujours la concentration souhaitée sur le film lui-même.

Le confort est un argument tout aussi discutable quant à l'ancrage du cinéma dans la formation intime de chacun. Combien d'enfants sont devenus amoureux du cinéma en regardant dans le plus grand des inconforts, en retenant leur souffle, derrière un canapé qui les dissimulait, des bribes de films que leur parents, en les envoyant se coucher, leur avait interdit implicitement de voir ? Les livres qui comptent dans une vie sont parfois ceux que l'on a lus, aussi, dans les pires conditions d'inconfort. J'ai toujours aimé ces gens que l'on croise dans la rue, le nez dans les dernières pages d'un livre, absents à tout ce qui les entoure, marchant vers on ne sait quel travail, volant au temps social de leur journée cette urgence intime d'une lecture passionnée. Je suis sûr qu'ils n'éprouveraient pas le même plaisir volé s'ils étaient confortablement assis chez eux dans leur fauteuil, au lieu de se trouver au milieu de cette circulation bruyante, avec un temps rationné.

Son nom n'a jamais été prononcé mais l'ombre de Walter Benjamin n'a cessé de planer, au moins pour moi, sur toute cette histoire. Finalement, même si cela n'a jamais vraiment été énoncé clairement au cours de ce débat, la seule véritable différence entre la projection en salle et la projection en DVD ne relève-t-elle pas en dernière instance de la notion benjaminienne d'aura[2]. Il y a réellement, dans la rencontre avec le film projeté dans la salle de cinéma, quelque chose d'unique et d'irremplaçable : la présence (cachée normalement aux yeux des spectateurs) d'une bobine de pellicule se déroulant, image physique après image physique, dans une machine avec des rouages mécaniques, des dents de métal pour la faire avancer. Les exploitants de cinéma ne s'y trompent pas lorsqu'ils sont fiers – à juste titre – de leur intervention pédagogique qui consiste à faire visiter par les élèves la fameuse cabine mystérieuse où ils peuvent voir et toucher cette pellicule fétiche, admirer la machine qui en projette les images sur l'écran et rencontrer l'homme qui agit tout cela dans l'ombre.

La seule différence radicale qui tienne réellement la route entre une projection DVD dans l'école, avec un bon vidéoprojecteur, et une projection dans une salle de cinéma, c'est la présence de « vraies » images, analogiques, inscrites sur de la pellicule chimique, images qui peuvent se rayer, se déchirer, modifiant de façon unique cette version matérielle du film. Entre une copie physique de film (même si c'est déjà *stricto* sensu une reproduction et qu'il en existe plusieurs autres) et ce même film gravé sur DVD, il y a un saut qualitatif qui reste, même de façon très atténuée, du même ordre que celui que Walter Benjamin a théorisé entre l'œuvre unique (et l'aura qui lui est attachée) et sa reproduction technique en de multiples exemplaires rigoureusement identiques les uns aux autres. Le digital a apporté ceci : tous les DVD où est gravé le même film sont rigoureusement les mêmes, ce qui n'était pas encore tout à fait le cas des reproductions sur cassettes vidéos, et n'a jamais été le cas des copies films, différenciables dès leur premier passage dans un projecteur, voire dès la sortie des bains du laboratoire. Deuxième différence, ontologique : sur une copie film, on peut découper un photogramme, le tenir en main et le regarder directement comme une diapositive. Pour reprendre l'idée de Roland Barthes, il n'y a aucune solution de continuité entre l'image matérielle de Charlie Chaplin qui est inscrite sur ce photogramme et le négatif qui était dans la caméra le jour de tournage. Ce morceau de pellicule dont l'image est projetée devant moi sur l'écran est directement issu, par contacts successifs, de la pellicule qui a reçu le jour du tournage la lumière renvoyée par le corps de Chaplin et qui a pénétré dans l'objectif pour venir impressionner directement le premier négatif. La cassette ne donnait déjà plus à voir d'images possédant cette vertu magique de l'analogique, mais le support de ces images était encore un ruban linéaire défilant entre un moyeu débiteur et un moyeu récepteur. Le DVD a définitivement délinéarisé la restitution des images et l'on comprend mieux la peur qui a saisi les défenseurs de la projection en salle de cinéma. Il ne reste radicalement plus rien, dans une projection DVD, des spécificités de la projection de cinéma, sur lequel se fonde encore – même si c'est pour un temps d'ores et déjà compté – la fameuse « magie » qui tient finalement à l'aura attaché à la présence à la fois proche et lointaine, en cabine, de ces longs rubans de celluloïd.

Mais le principal malentendu, dans cette affaire, est venu de ce que les opposants au DVD à l'école ont crié au loup avant même de l'avoir rencontré, en l'imaginant sous les traits de ce dont ils avaient le plus peur : un support de diffusion de films susceptible de remplacer la projection en salle de cinéma. Or, la dernière chose pour laquelle les DVD de cette collection produite pour l'école sont conçus et réalisés, c'est justement de voir un film en entier dans sa continuité. Si tel avait été le but, d'ailleurs, nous aurions choisi dans un premier temps la bonne vieille cassette vidéo, à cause de la faiblesse actuelle des équipements DVD en milieu scolaire.

Il nous a aussi été reproché de faire avec les DVD un choix techniciste « branché » et hasardeux, dont rien ne garantissait l'avenir. Plus personne ne peut douter aujourd'hui que le mouvement de passage de la cassette vidéo vers le DVD soit devenu irréversible, et sauf à prendre un retard pédagogiquement dommageable, l'école doit le prendre en compte, au mieux de ses propres besoins et missions.

Du côté d'internet.

On rencontre un peu partout, aujourd'hui, cette tendance à penser que les nouvelles technologies, et tout particulièrement Internet, vont résoudre bientôt, et définitivement, tous les problèmes d'accès aux films. Dans ce monde d'après-demain, chacun, où qu'il soit, chez lui, en classe, au bureau, pourrait convoquer instantanément et précisément la séquence de *Rio Bravo* qui commence à la minute 27 ou la scène finale de *Au travers des oliviers*. Imaginons, même si on est encore technologico-commercialement loin du compte, ce que cela va modifier dans la transmission du cinéma. Les comportements, très probablement, vont aller de plus en plus, en tout cas pour quelques temps encore, dans le sens d'un zapping généralisé. La dévédéthèque de classe a le mérite d'opérer un premier tri et une première désignation ; le catalogue complet décourage celui qui ne sait pas d'avance ce qu'il y cherche. Où donner de la tête devant le champ infini des possibles ouvert par un catalogue immense où plus rien (aucune valeur relevant d'un système identifié, quel qu'il soit) ne vient distinguer un film d'un autre ? Tout laisse à craindre que l'impatience ne continue à galoper et que circuler librement dans une cinémathèque virtuelle illimitée devienne un champ de libre exercice de l'inattention. Il suffit d'observer dans un lieu où on trouve de nombreux écrans en « libre-service », le Salon de l'éducation par exemple, comment les enfants se ruent sur cet accès gratuit à Internet pour y chercher ce qui est le plus désigné par les médias du moment comme étant désirable. La curiosité y est plus bridée encore qu'ailleurs : on se connecte pour rejoindre le majoritaire, le déjà plébiscité, un peu comme le font ces spectateurs d'un grand réseau de distribution de films qui inscrit sur certaines affiches de film, à l'entrée des cinémas, le label : « élu par les spectateurs ». Autrement dit : nous vous débarrassons même d'avoir à choisir et à désirer puisque d'autres, qui sont comme vous, l'ont fait pour vous.

Simone Weil écrivait que « l'enseignement ne devrait avoir pour fin que de préparer la possibilité d' une certaine application à l'objet de la plénitude de l'attention ». La phrase est plus que jamais d'actualité : il est devenu vital de mettre les enfants en situation d'appliquer à un film, une œuvre d'art, la plénitude d'une attention que plus grand-chose, dans la civilisation d'aujourd'hui, ne semble requérir. Cette attention, Simone Weil le note dans le même chapitre, « est liée au désir. Non pas à la volonté mais au désir. Ou plus exactement au consentement. »[3] Ce désir, seul moteur possible de l'attention — tous les enseignants en font chaque jour l'expérience parfois douloureuse — rien ne viendra jamais lui donner la possibilité de se fixer durablement sur un objet, dans le tourniquet sans fin des possibles, sans une désignation forte. Il y a incontestablement du désir, dans la circulation sur les écrans d'ordinateur, écran de jeux ou d'Internet, mais ce désir est désir de mouvement, de vitesse, de changement perpétuel et non désir d'objet. L'école n'a pas forcément à amplifier ce mouvement déjà irréversible. Il n'y a pas d'approche de l'art sans apprentissage de l'attention. Si c'est bien l'art qu'il s'agit de transmettre, cela doit se faire à contre-courant de cet apprentissage sauvage et généralisé de l'inattention, et s'appliquer à des films singuliers, désignés, physiquement présents dans la classe, et qu'il s'agira ensuite, mais c'est une autre affaire, la plus délicate, la moins instituable, de rendre « désirables ». Il n'y a pas d'amour de l'art sans choix d'objet. La dévédéthèque de classe, modestement, peut aider à ce choix.

En matière de transmission, ne compte vraiment, symboliquement, que ce qui est désigné. Et la présence d'objets, que l'on peut regarder, toucher, manipuler, fait partie de cette désignation. Il importe plus que jamais, à l'heure du virtuel, qu'il y ait des objets matériels dans la classe. La convocation des films sur Internet ne changera rien à la question essentielle de la désignation. On ne peut désirer que ce qui est désigné : ceci est pour toi !

L'initiation artistique peut commencer parfois simplement en ceci : déposer le bon objet au bon moment auprès de la bonne personne. Walter Benjamin parle de ces collectionneurs qui « en vous admettant chez eux, ne font pas étalage de leurs trésors. À peine dirait-on qu'ils les montrent. Ils les donnent à voir. »

1.   Je veux parler ici d'École et cinéma, Collège et cinéma et Lycéens au cinéma qui font depuis des années ce travail d'acculturation cinématographique alternative..

2.   « L'œuvre d'art à l'époque de sa reproduction mécanisée », in Walter Benjamin, Écrits français, Bibliothèque des idées, NRF Gallimard, 1997.

3.   Simone Weil, L'attention et la volonté, in La Pesanteur et la grâce, Plon, 1988.

VI - Pour une pédagogie des F.M.R. (fragments mis en rapport)

Le choix du support DVD pour une collection de cinéma dans l'école a été d'abord et avant tout un choix de pensée pédagogique, et non une option moderniste ou techniciste.

Le progrès technologique décisif que représente le passage de la cassette vidéo au DVD est évidemment un bénéfice non négligeable, mais je dirai que c'est presque un bénéfice secondaire. Même si jamais, jusqu'à ce jour, on n'avait bénéficié d'une chaîne de lecture-diffusion d'une telle qualité (tant pour l'image que pour le son), y compris dans une salle aux fenêtres mal occultées, ce qui est souvent le cas à l'école où faire un vrai noir dans une classe est souvent impossible. Reste que ce progrès, appréciable, n'est en soi que le terme provisoire d'une évolution technologico-commerciale qui a mis la projection collective de grande qualité – en situation scolaire – à des prix dix ou vingt fois moindres qu'il y a à peine une décennie, même si ceux-ci restent lourds pour le budget d'une école ou d'un collège, et nécessitent, pour quelques temps encore, un financement exceptionnel.

Je ne doute pas que le « deuxième tableau » de projection digitale ne devienne rapidement indispensable, indépendamment de l'enseignement spécifique du cinéma, pour tout ce qui relève des recherches de documents et d'informations, et d'échanges de classe à classe sur le réseau. Il présente un avantage pédagogique décisif, par rapport aux écrans individuels : tout le monde peut suivre en même temps une recherche sur internet, menée par l'enseignant ou par un élève, et apprendre collectivement à surmonter la difficulté qu'il y a à ne pas se perdre en route et à arriver au but que l'on s'est fixé.

C'est à un autre niveau, pourtant, que se situe la véritable innovation du DVD dans l'enseignement du cinéma : ce nouveau support permet de penser et de mettre en œuvre de nouvelles formes de pédagogie, jusque-là impraticables à cause de la linéarité de lecture inhérente à la cassette-vidéo. Toute innovation technologique n'ouvre pas forcément de nouveaux horizons pédagogiques. Certaines participent simplement de l'amélioration générale des conditions de l'exercice de la pédagogie sans la transformer. Il y avait quelque chose à saisir pour l'initiation au cinéma, dans les possibilités offertes par le DVD, pour repenser de nouvelles formes pédagogiques échappant aux limites éprouvées de la cassette vidéo.

Longtemps, les outils pédagogiques cinéma ont été fondés sur un modèle didactique dominant, et très ancien, celui de la voix qui sait, qui décrypte, qui analyse, qui commente des plans ou des séquences de film. Quand un enseignant de cinéma diffuse en classe une cassette de ce type, dite d'analyse de film, il donne la parole à un spécialiste reconnu qui maîtrise le contenu spécifique (tel ou tel film, tel ou tel auteur) et connaît bien toutes procédures de l'analyse filmique. Cette voix supposée savoir livre le résultat d'une pensée et d'une analyse dont les présupposés, la genèse, les mécanismes nous échappent. Le plus souvent, ce discours s'appuie sur la convocation de « preuves » visuelles et sonores sous formes de plans, d'images arrêtées, d'extraits de films soigneusement montés. J'ai toujours pensé qu'il fallait se méfier de ces preuves dès lors qu'elles sont convoquées par quelqu'un d'habile qui pourrait aussi bien emporter l'adhésion des auditeurs à un discours fallacieux. Il ne serait pas très difficile, en choisissant astucieusement certains plans et certains raccords d'*A bout de souffle*, par exemple, de démontrer une contre-vérité absolue, par exemple que c'est un film qui respecte scrupuleusement les règles du montage classique, et d'en donner des preuves visibles.

Cette forme de didactisme (le discours analytique ou démonstratif surplombant des images) procède d'un mode de transmission du savoir dont les mérites et l'efficacité restent indiscutables, et dont il serait vain et absurde de vouloir se priver. Il y a encore de beaux films d'analyse à réaliser pour satisfaire à certains besoins dans le domaine de la transmission du cinéma. Nul doute que l'on aura encore recours longtemps à cette didactique verticale (de celui qui sait à ceux qui apprennent) et linéaire (le discours déroulé comme dans un cours ou une leçon) qui a été longtemps été celle de la cassette vidéo. Mais on peut maintenant en inventer d'autres.

Ce qu'est en train d'apporter le DVD, dans l'approche du cinéma, c'est la possibilité nouvelle d'une pédagogie de la mise en rapport de films ou de fragments, légère en didactisme, où ce n'est plus le discours qui porte le savoir, mais où la pensée naît de la simple observation de ces rapports, multiples, et de la circulation elle-même.

La nouveauté du DVD – par rapport aux supports antérieurs de diffusion de films – réside strictement en ceci : on peut y accéder instantanément (sans rembobinage fastidieux et aléatoire) à tel fragment précis du film et le mettre en rapport, tout aussi instantanément, avec d'autres images et d'autres sons : un autre fragment du même film, un segment d'un autre film, la reproduction d'un tableau, le commentaire audio du réalisateur, un document d'archive, etc. Il est vrai que les CD Rom permettaient déjà, depuis longtemps, ce type de circulations et de mises en rapport ultra rapides mais, en ce qui concerne spécifiquement le cinéma, avec une capacité de stockage, un format et une qualité de reproduction nettement insuffisants pour un usage pédagogique collectif.

C'est cette capacité – la facilité de convocation et de mise en rapport de fragments – qui fait du DVD un outil précieux en possibilités d'innovations pédagogiques.

Il permet réellement, comme le souhaitait Nabokov au lecteur de roman, d'accéder en même temps, instantanément, à l'ensemble et au détail, de comparer deux détails éloignés, de se promener librement dans le film « comme dans un tableau », bref d'avoir enfin accès à une approche tabulaire et non plus exclusivement linéaire du film.

Il permet de stocker un grand nombre d'images et de sons et de programmer très simplement des chaînes multiples qui sont autant de façons d'associer ces fragments de cinéma dans des rapports « qui pensent », et qui permettent de penser le cinéma.

On pouvait déjà enregistrer de nombreuses séquences sur une cassette vidéo, mais dans un ordre bloqué, et avec des rapports de proximité obligés. Sur un DVD standard, trente extraits peuvent être mis en rapport selon des chaînes préprogrammées où chacun se trouve pris dans des rapports et des enchaînements multiples. Il importe aujourd'hui, avec ce nouvel outil, d'avoir une pensée précise, rigoureuse, de cette mise en rapport d'extraits de films. Ce pourrait être une des pièces maîtresses (il en faut évidemment d'autres) d'une pédagogie faisant appel à l'imaginaire et à l'intelligence personnelle de l'utilisateur, élève ou enseignant. La forme courte, qui est celle de l'extrait ou de la séquence, conjugue les mérites de la vitesse de la pensée (mettre en rapport trois extraits permet de faire comprendre parfois plus de choses qu'un long discours) et de la transversalité (on peut établir des rapports imprévus, éclairants et excitants entre des cinémas, des films et des auteurs qu'une approche plus linéaire maintiendrait dans des catégories étanches).

J'insiste au passage sur le fait que dans la mise en rapport instantané d'extraits de films, la vitesse de convocation et de circulation ne va pas dans le sens de l'impatience généralisée qui est celle souvent celle du zapping et du surfing. Il n'y a aucune raison de ne pas utiliser cette vitesse du digital mais pour « mettre en rapport », créer de la pensée. D'autant plus que le DVD permet aussi, avec une grande qualité visuelle, le mouvement inverse, indispensable en pédagogie, de ralentir et d'arrêter les images.

Dans ces conditions, l'enseignant et les élèves peuvent observer, réfléchir et dégager ensemble l'idée, le concept que chaque enchaînement met implicitement en jeu. L'intelligence n'est plus forcément le fait d'une voix ou d'un texte supposés savoir, ni même l'exclusivité du maître mais dans la circulation elle-même entre les extraits, qui suffit dans certaines conditions d'observation et d'attention à donner à penser. C'est sans doute une ouverture possible pour échapper au pédagogisme. On peut imaginer différentes stratégies d'utilisation de ces f.m.r, « fragments de films mis en rapports », selon le public concerné, des plus ludiques aux plus conceptuelles, des plus poétiques aux plus langagières.

Cette pensée inscrite dans les chaînages multiples d'extraits n'obéit pas forcément à la logique de l'arborescence qui est dominante dans la pensée informatique. Elle peut choisir d'emprunter des voies plus rhizomatiques, où les chaînes proposées n'entrent pas nécessairement dans des choix binaires et hiérarchisés verticalement. Dans une collection d'extraits, on peut imaginer de multiples circulations faisant appel à des formes différentes d'intelligence. S'ouvrent alors autant de chemins, libres, non hiérarchisés, engageant entre les extraits des rapports de tous ordres (analytiques, poétiques, de contenu, formels).

L'outil pédagogique DVD reste un artefact, pensé par quelqu'un qui sait, et qui a désigné ces chemins. Il est néanmoins beaucoup plus proche de la nature de son objet (le cinéma comme art) et de son fonctionnement (ce qui se fraie de chemins multiples dans la tête du spectateur au cours de la traversée d'un film) que la plupart des outils qui l'ont précédé.

Eloge de l'extrait.

J'ai croisé une petite fille qui connaissait *Pierrot-le-Fou* par cœur à cinq ans, et pas parce que ses parents le lui auraient montré dans une sorte de prosélytisme absurde, mais pour l'avoir vu par bribes, plusieurs fois, de biais, pendant que son père le regardait pour son propre compte, et d'y être ensuite retourné des dizaines de fois, par morceaux, comme un enfant revient à un livre « du soir », jusqu'à le connaître par cœur. Ce n'est pas tout à fait un hasard si ce film-là, que personne ne songerait à montrer à un enfant, l'a accrochée. Il se prête parfaitement à une approche «par morceaux» qui s'inscrivent aisément dans la mémoire. Morceaux de dialogues : « ma ligne de chance ; solite et insolite ; qu'est-ce-que je peux faire j'sais pas quoi faire, est-ce que vous m'aimez », et morceaux de cinéma : la voiture qui se précipite à la mer avec ses deux passagers ; le couple qui sort du sable ; Belmondo qui attend le dernier moment pour quitter la voie où il s'est assis, juste avant le passage du train dans le plan ; le gag imité de Laurel et Hardy au poste à essence ; les inserts des *Pieds Nickelés* ; la mise à feu de la voiture ; etc. Tous les enfants ont cette capacité et cette envie de s'attacher à des « morceaux » et à les mémoriser, je ne vois pas pourquoi on s'en priverait au nom du respect de l'intégralité du film. Le temps de l'intégralité viendra plus tard, beaucoup plus tard dans le cas de certains films. C'est la raison pour laquelle nous avons fait le choix de donner accès, par exemple, dès la maternelle, à une scène[1], sublime de simplicité, de *Au hasard Balthazar* où l'âne, qui vient d'être récupéré par un cirque, est confronté au regard d'autres animaux qu'il n'a jamais rencontrés dans sa vie d'âne : un ours, un singe, un éléphant, un tigre. Un enfant de quatre ans peut être touché par cette scène, où le cinéma nous donne une idée purement sensible de ce que pourrait être un regard d'animal exonéré de toute présence humaine, et avoir beaucoup de choses à en dire. Pourquoi l'en priver sous prétexte que ce film exige dans son intégralité un spectateur adulte ? S'il peut en goûter dès maintenant, et pleinement, trois minutes, autant les lui offrir sans attendre qu'il ait dix-huit ans pour voir et comprendre le film entier. Surtout si cette scène ne lui est pas donnée à voir isolément, mais mise dans un rapport éclairant avec d'autres scènes d'autres films. A un petit enfant qui pourrait prendre plaisir et intérêt à l'air de Papageno dans *La Flûte enchantée* de Mozart, pourquoi proposer une musiquette « pour enfant » à la place de ce morceau, sous prétexte qu'il lui faudra attendre encore au moins quinze ans pour accéder à l'intégralité de l'opéra ?

Il y a deux façons de choisir et de penser un extrait de film. Comme un morceau autonome, qui peut être reçu « en soi » comme une petite totalité, sans éprouver le manque de ce qui l'environne. Ou au contraire comme un morceau arbitrairement découpé dans un film, où l'on sent le geste de l'ex-traction comme coupe, suspense, légère frustration.
Les deux ont une vertu pédagogique. Les premiers comme « modèles réduits » plus faciles à tenir sous le regard qu'un film entier. Les seconds comme *tea-sing* du désir de voir le film entier. Tous ceux qui se souviennent d'une vieille émission de télévision, « La séquence du spectateur », comprendront de quoi je parle. Cette émission proposait le dimanche à midi, si mes souvenirs sont bons, un simple bout à bout sans commentaire de quatre ou cinq extra-its de films, sans aucun lien, et pas forcément d'actualité ni même récents. C'était comme des coups de sonde dans une mémoire anonyme du cinéma. Cette émission, simple comme le fil à couper le beurre, a beaucoup plus fait pour le désir de films de plusieurs générations que tous les autres apéritifs standards : bande-annonce, affiche, presse. Les films présentés étaient le plus souvent des films qui avaient eu un succès populaire, mais à une époque où les réalisateurs de petits films français ne se prenaient pas encore pour des auteurs ni pour des hommes d'affaire. Elle suscitait tous les dimanche un délicieux dépit chaque fois que le couperet tombait pour arrêter l'extrait, et une furieuse envie de voir le film en entier. Elle produisait un effet de montage absolument aléatoire et je ne suis sans doute pas le seul à me souvenir de l'émo-tion très particulière qu'il y avait, au moment de la coupure, à s'extraire de l'univers du film qui venait de finir et à entrer presque aussitôt dans un autre climat, une autre ambiance qui étaient ceux du film suivant.

J'ai toujours été frappé par l'impact de l'extrait (analyse d'une scène, d'un plan) dans l'approche des films en situation scolaire. La pédagogie du frag-ment allie souvent les mérites de la condensation, de la fraîcheur, d'une inscription plus précise et durable des images dans la mémoire. Entrer au milieu d'un film que l'on a déjà vu, voire même que l'on connaît par cœur, provoque toujours des surprises et des étonnements : comment n'avais-je pas remarqué ce plan-là, ou l'étrangeté de ce geste de l'acteur, ou cette lumière sans équivalent dans le reste de l'œuvre ? Parce qu'il était pris dans le flux des images déjà accumulées dans ma mémoire de la traversée du film, et que ses aspérités, sa singularité, étaient quelque peu gommées, aplanies, par la vision d'ensemble. Voir un fragment de film, détaché du flux narratif et de l'accoutumance visuelle qu'il provoque, le rend à nouveau visible. On peut imaginer, contrairement aux habitudes de la pédagogie classique, de commencer par des études de fragments avant de voir les films entiers. On peut tomber amoureux d'un film à partir d'un fragment entr'aperçu, et le désir peut être plus vif si l'objet film n'est pas donné tout de suite comme totalité à parcourir. La vision de biais, anamorphosée, est souvent celle qui suscite le plus sûrement le désir. Approcher un film par un fragment est une des formes possibles de cette anamorphose.

Pasolini se souvient de sa rencontre fulgurante avec un Maître qui n'était autre que Roberto Longhi. Cela se passait vers 1939 à l'université de Bologne, « dans une petite salle à l'écart et quasi introuvable », où le jeune Pasolini, arrivé de son Frioul natal, tombe sur son cours d'Histoire de l'art, qui lui apparaît, dans « l'infinie timidité de (ses) dix-sept ans » comme « une île déserte, au cœur d'une nuit sans lumière ». Et Longhi, justement, projetait des diapositives de détails de tableau pour confronter les formes : « (…) un "plan" représentant un échantillon du monde masolinien (…) s' "opposait" dramatiquement à un plan représentant à son tour un échantillon du monde de Masaccio. Le manteau d'une Vierge au manteau d'une autre Vierge … Le gros plan d'un saint ou d'un personnage regardant au gros plan d'un autre saint ou d'un autre personnage regardant … Une partie d'un monde formel s'opposait ainsi physiquement, matériellement, à une partie d'un autre monde formel : une "forme" à une autre "forme". »[2] Dans un autre texte, magnifique, l'un des plus beaux sans doute jamais écrit sur le rôle de révélation que peut jouer un enseignant de génie sur le destin d'un tout jeune homme, Pasolini écrit : « Pour un jeune garçon opprimé, humilié par la culture académique, par le conformisme de la société fasciste, c'était la révolution. Il commençait à bredouiller à la suite du maître. La culture que le maître révélait et symbolisait proposait une voie nouvelle par rapport à l'entière réalité connue à ce jour. »[3]

Pasolini, toujours à propos de la vision de biais, et partielle, pense que la puissance d'évocation des tableaux, dans les écrits de Roberto Longhi, tient précisément à ce qu'il regarde toujours les œuvres qu'il décrit en « raccourci », anamorphosées par ce point de vue inusité qui les rend visibles comme si on ne les avait jamais vues. « Toutes les descriptions que Longhi fait des tableaux examinés (et ce sont naturellement les moments les plus importants de sa « prose ») sont faites en raccourci. Même le tableau le plus simple, direct, frontal, une fois « traduit » dans la prose de Longhi, est vu comme obliquement, selon des points de vue inusités et difficiles.» J'aime bien le dernier mot : voir « vraiment » est souvent voir de biais, mais cette vision doit être d'abord « difficile », c'est-à-dire déplacer le point de vue habituel, résister, pour être réellement profitable.

Une des façons de « déplacer le point de vue » peut consister, sur un DVD (dont la technique a enfin permis de réaliser instantanément cette opération !), à mettre côte à côte une séquence d'un film et une séquence d'un autre film, surtout s'il sont très éloignés esthétiquement et historiquement l'un de l'autre. La gymnastique perceptive et mentale que représente le passage d'une perspective à l'autre, d'un plan de Chaplin à un plan de Pelechian, par exemple, fait que chaque plan anamorphose l'autre, d'une certaine façon, et le rend plus « visible » qu'il ne l'aurait été dans la continuité et la logique de point de vue dominante de son propre film.

Je milite depuis longtemps pour une approche du cinéma à partir du plan, considéré comme la plus petite cellule vivante, animée, douée de temporalité, de devenir, de rythme, jouissant d'une autonomie relative, constitutive du grand corps cinéma.

Du côté de l'acte cinématographique, le plan met en jeu, de façon magnifiquement inextricable, la plupart des choix qui interviennent réellement et simultanément dans la création cinématographique : où commencer et où finir le plan, où placer la caméra, comment organiser ou cadrer les flux qui vont le traverser ? Quelles limites s'y donne-t-on au pouvoir d'y manipuler les choses et le monde ? Qu'a-t-on le droit d'y capturer ou d'y mettre en scène ? Comment y inclure l'acteur ? Comment lui donner un rythme qui lui soit propre ?

Du côté du spectateur, l'observation minutieuse et spéculative d'un plan de film permet de poser quelques questions de base au cinéma : Qu'est-ce qu'un plan ? Comment tel ou tel grand cinéaste en a fait un usage personnel ? Comment la conception du plan a-t-elle évolué au cours du temps et des grandes lames de fond qui ont renouvelé de loin en loin le cinéma ? Comment ces plans nous parlent-ils aujourd'hui ? Comment sont-ils habités par les acteurs ? Que nous disent-ils de ce qu'a été, en telle année et en tel pays, à la fois le monde et le cinéma ?

Un plan de film bien choisi peut suffire à témoigner simultanément de l'art d'un cinéaste et d'un moment de l'histoire du cinéma dans la mesure où il emporte à la fois un état du langage, une esthétique (forcément inscrite dans une époque), mais encore un style, la marque singulière de son auteur. Le plan, enfin, comme unité la plus concrète du film, est l'interface idéale entre une approche analytique (on peut y observer, sur une toute petite surface, déjà beaucoup de paramètres et d'éléments langagiers du cinéma) et une initiation à la création (à partir d'une prise de conscience de tous les choix qu'engage « faire un plan »).

1. Cet extrait se trouve dans le DVD *Petit à petit le cinéma I*, en compagnie d'extraits aussi éloignés de l'idée reçue que l'on se fait du cinéma visible par les enfants que *Notes on the circus* de Jonas Mekas ou *Les Saisons* de Artavazd Pelechian.

2. Pier Paolo Pasolini, *Écrits sur la peinture*, coll. Arts et esthétique, éd. Carré, 1997.

3. Idem.

VII - Pour une « ANALYSE de CRÉATION »

La pédagogie du cinéma bute le plus souvent sur la façon dont elle se saisit de son objet. Il est beaucoup plus important, devant cet objet complexe, vivant et indocile, d'avoir *une attitude* juste plutôt que de se risquer sur un savoir sécurisant. Mieux vaudra toujours un enseignant qui en sait peu, mais qui approche le cinéma de façon ouverte, sans en trahir la nature réelle, qu'un enseignant qui s'accroche à quelques bribes de savoir rigides et commence par donner les définitions des mouvements de caméra et de l'échelle des plans, comme si le cinéaste pensait d'abord avec des mots des choix que ces mots ne servent en réalité qu'à traduire, et qui ne sont strictement d'aucune aide au cours de l'acte de création.

Je vais essayer ici d'ouvrir ici quelques pistes pour aller à l'essentiel, c'est-à-dire la réalité de l'acte de création au cinéma, en dégageant quelques points essentiels, dont certains sont rarement ou mal interrogés et souvent à l'origine des difficultés rencontrées en pédagogie : les composantes fondamentales du geste de création cinématographique (l'élection, la disposition, l'attaque), les conditions réelles de la prise de décision par le cinéaste, la question nodale de la totalité et du fragment, celle de la rencontre du « programme » et de la réalité au tournage, celle enfin de la négativité à l'œuvre dans l'acte de création. Avec une conscience plus claire de ce qui se joue, à ces cinq niveaux, dans le geste cinématographique, beaucoup de peur et de raideur pédagogiques pourraient s'évanouir, et l'approche des films y gagnerait.

Une pédagogie de la création peut commencer avant le passage à l'acte, dès la phase de l'approche des films. Il y a une autre façon de regarder les films, d'en parler, de les analyser, qui est celle exigée par Jean Renoir de son spectateur : « Pour aimer un tableau, il faut être un peintre en puissance, sinon on ne peut pas l'aimer ; et en réalité, pour aimer un film il faut être un cinéaste en puissance ; il faut se dire : mais moi, j'aurais fait comme ci, j'aurais fait comme ça ; il faut soi-même faire des films, peut-être seulement dans son imagination, mais il faut les faire, sinon, on n'est pas digne d'aller au cinéma. »[1]

Cette déclaration radicale devrait servir de fondement à une autre façon de regarder et analyser les films qui désobéirait quelque peu au principe premier de l'analyse de film, dans la tradition « scientifique » universitaire, qui est de se fonder sur ce qui est sur l'écran et uniquement sur ce qui est sur l'écran. J'ai toujours plaidé pour une autre approche des films, que j'expérimente depuis des années, à l'université, dans le cadre d'un séminaire consacré à l'acte de création au cinéma. Il y a une façon de voir et de réfléchir sur les films qui constituerait une première initiation au passage à l'acte. On pourrait lui donner le nom d' « analyse de création ». Elle se distinguerait de l'analyse classique de films, à la façon dont l' « analyse didactique », en psychanalyse, se distingue de l'analyse thérapeutique en ce que sa visée n'est pas seulement la guérison de sujet mais l'ouverture à une pratique future d'analyste. L' « analyse de création », contrairement à l'analyse filmique classique – dont la seule finalité est de comprendre, décrypter, « lire le film » comme on dit à l'école – préparerait ou initierait à la pratique de la création. Dans les deux cas, analyse didactique et analyse de création, l'analyse a un caractère transitif qui fait la différence avec l'analyse classique. L'analyse n'y est pas une fin en soi mais un passage vers autre chose.

Dans cette pédagogie de la création, il s'agirait de remonter en imagination à ce moment légèrement antérieur à l'inscription définitive des choses, où les multiples choix simultanés qui se posaient au cinéaste étaient *sur le point* d'être tranchés, à ce point ultime où les possibles étaient encore ouverts, à cet instant encore vibrant d'incertitude dont parle Georges Bataille dans son essai sur Manet : « Nous imaginons mal le tableau que nous admirons, suspendu comme il le fut entre l'incertitude que d'abord il était pour le peintre et la certitude qu'il est pour nous… Combien, si nous ne replacions sous le jour douteux de la naissance ces toiles si diverses, nous nous tromperions sur elles ! »[2] Voilà ce que pourrait être le mot d'ordre d'une pédagogie de la création : replacer ces « toiles » de cinéma sous le jour douteux et incertain de leur naissance, à la pointe la plus vive de l'acte cinématographique.

Il s'agit de faire l'effort de logique et d'imagination de remonter un peu en amont dans le processus de création, jusqu'au moment où le cinéaste a pris ses décisions, où les choix étaient encore ouverts. C'est une posture qui demande de l'entraînement si l'on veut entrer quelque peu dans le processus créateur pour essayer de comprendre, non pas comment le choix attesté fonctionne dans le film, mais comment ce choix s'est présenté à lui parmi beaucoup d'autres possibles. A tout moment, dans la création cinématographique, on est confronté à un grand nombre de choix, et la décision c'est l'instant précis où, parmi tous ces possibles, on tranche par un choix définitif que l'on inscrit sur un support : toile du peintre, feuille blanche, pellicule ou bande digitale.

Le spectateur qui regarde quelque chose sur un écran a du mal à imaginer qu'il y aurait pu y avoir autre chose que ce qu'il voit, qui s'impose avec l'évidence des choses du monde, même s'il sait bien qu'il y a mise en scène, transformation du réel. En littérature, il est plus facile d'imaginer qu'avant les mots choisis et alignés par l'auteur, il n'y avait que la page blanche, ou en peinture la toile vierge. Pour la simple raison que tout le monde s'est retrouvé un jour devant une page blanche à remplir de mots, et que tout le monde a hésité à un moment donné entre plusieurs mots qui auraient pu occuper la même place dans la phrase. Dans la tradition de l'enseignement de la littérature, on apprend que l'auteur étudié a choisi tel adjectif parmi d'autres dont on peut décliner le paradigme. Hélas on induit souvent aussi, en pédagogie, qu'il a choisi le seul « bon » adjectif possible, puisque c'est un grand écrivain. En réalité, bien sûr, le véritable processus de création chez l'écrivain ne relève pas de l'usage, même mental, du dictionnaire des synonymes, mais il reste quand même l'idée, à la lecture, qu'il y avait d'autres possibles par rapport à ce qui est attesté. Au cinéma, il faut faire un effort d'imagination beaucoup plus grand, et j'ai envie de dire « non naturel », pour réaliser tout ce qui restait possible en amont de la décision, et qui ne se réduit pas à un paradigme codé et aisément repérable comme peut l'être celui des synonymes d'un mot. A la place de *ce* bouquet de fleurs, unique, évident, il aurait pu y en avoir mille autres, tout aussi réels et évidents à l'image. Il faut imaginer qu'il y aurait pu y avoir des tulipes ou des lys quand on voit des roses.

Au cinéma, on a toujours l'impression – malgré tout ce que l'on peut en savoir – qu'avant le tournage, d'une certaine façon, les choses étaient déjà là dans le monde, en attente d'être filmées. En théorie du cinéma, on utilise un mot savant qui dit bien cela : « profilmique ». En peinture, on ne dit pas que le paysage ou le modèle sont « propicturaux », tant il est évident qu'il y a transposition radicale entre la réalité du bouquet et les touches de peinture sur le tableau. Le langue du cinéma a été jusqu'à aujourd'hui, pour reprendre la définition pasolinienne « la langue écrite de la réalité », si l'on met à part le dessin animé qui relevait clairement de la transposition picturale de la réalité et s'affichait comme tel. Une nouvelle donne est en train d'arriver avec ces nouvelles images entièrement fabriquées par ordinateur qui permettent de créer une forte illusion de réalité en se passant bientôt de toute rencontre avec la réalité.

Cette illusion de réalité, qui se fonde sur un enregistrement mécanique-optique de la réalité (que ce soit la réalité du décor naturel ou celle reconstituée en studio ne change rien à l'affaire) a toujours été une composante essentielle du plaisir du film, et même le plus critique des critiques et le plus sémiologue des sémiologues ne sauraient faire l'économie de cette « suspension de la non-croyance » s'il veut entrer un tant soit peu dans le film et y prendre plaisir. Il faut être d'abord un bon spectateur, volontairement dupe de l'illusion de réalité, si l'on veut avoir quelque chance, ensuite, d'être un bon critique ou un bon analyste. Chez les enfants, cette croyance dans la réalité de la réalité filmée est encore plus tenace que chez les adultes, et tous ceux qui ont entrepris un jour d'analyser une scène avec de jeunes enfants ont fait l'expérience de la difficulté qu'il y a à leur faire admettre (ce qui est évidemment contre-nature par rapport à leur plaisir de spectateur auquel ils tiennent farouchement) qu'il y a eu tout simplement mise en scène, découpage en plans, choix de points de vue. L'autre plaisir enfantin de « casser le jouet » pour voir ce qu'il a dans le ventre, mais aussi pour se l'approprier autrement, n'arrivera que plus tardivement en ce qui concerne le cinéma, où les enfants tiennent plus que dans d'autres domaines à préserver leur état de croyance. Mais très vite, avec un peu d'entraînement, le plaisir de comprendre participe du plaisir du film, qu'il ne fait qu'amplifier, contrairement à ce que pensent les tenants des vieilles idées obscurantistes sur la question. Le plaisir de comprendre est aussi affectif et gratifiant que le plaisir supposé « innocent » de la pure consommation.

Paul Valéry : « … celui qui n'a pas regardé dans la blancheur de son papier une image troublée par le possible, et par le regret de tous les signes qui ne seront pas choisis, ni vu dans l'air limpide une bâtisse qui n'y est pas (…), celui-là ne connaît pas davantage, quel que soit d'ailleurs son savoir, la richesse et la ressource et l'étendue spirituelle qu'illumine le fait conscient de construire. »[3] « Construire », ici, vaut pour « créer » et pas seulement pour la phase spécifique de « construction », de structuration qu'il y a dans tout acte de création. L'incise : « quel que soit d'ailleurs son savoir » fait bien la distinction entre ce que peut apprendre le « savoir » et ce que ne connaîtra jamais celui, même le plus savant, qui n'a pas fait l'expérience des possibles encore ouverts, des signes non encore choisis, et s'en tient aux signes écrits, attestés, déjà choisis.

Élection/disposition/attaque.

Peut-être serait-il bon, en pédagogie de la création, d'envisager l'acte de création au cinéma dans ses opérations mentales fondamentales avant de l'envisager dans ses opérations techniques. Les choses deviendraient peut-être plus claires et plus simples. Léonard de Vinci disait que la peinture, – pourtant le plus concret des arts, fait de pigments que l'on dépose d'un geste de la main, donc avec son corps, sur une toile tout à fait matérielle – est « *cosa mentale* », chose mentale. La création, au cinéma comme ailleurs, est d'abord «cosa mentale» avant de devenir opérations concrètes, de se confronter au réel, même si le réel, au cinéma plus que dans tout autre art, a toujours son mot à dire.
La chaîne des opérations qui aboutit à une création, en cinéma, est longue et multiple : écriture du scénario, casting, repérages, tournage, montage image et son, mixage, étalonnage. Cette chaîne semble *a priori* beaucoup plus

hétérogène et segmentée dans le temps que celle des champs de création voisins comme l'écriture romanesque ou la peinture. Elle implique des lieux de travail, des machines, des gestes concrets et des collaborateurs techniques différents. Il arrive souvent que certains de ces collaborateurs de création ne se croisent jamais quand ils interviennent à des moments éloignés de cette chaîne : la monteuse ne rencontre pas forcément le caméraman dont elle monte les images. Mais en ce qui concerne l'essentiel, c'est-à-dire la création comme « *cosa mentale* » cette hétérogénéité est peut-être trompeuse.

L'acte de création cinématographique met en œuvre trois opérations mentales simples : *l'élection, la disposition* et *l'attaque.*
Cette trinité me semble spécifique de l'acte même de faire un film, indépendamment de la différenciation technique de cet acte en phases distinctes. Ces trois opérations mentales ne correspondent pas à des moments spécifiques ni chronologiques de la chaîne, mais se combinent à chaque moment de cette chaîne.
Au cinéma, au cours des différentes phases du travail, il faut toujours :
Élire : choisir des choses dans le réel, parmi d'autres possibles. Au tournage : des décors, des acteurs, des couleurs, des gestes, des rythmes. Au montage : des prises. Au mixage : des sons seuls, des ambiances.
Disposer : placer les choses les unes par rapport aux autres. Au tournage : les acteurs, les éléments du décor, les objets, les figurants, etc. Au montage : déterminer l'ordre relatif des plans. Au mixage, disposer les ambiances et les sons seuls par rapport aux images.
Attaquer : décider de l'angle ou du point d'attaque sur les choses que l'on a choisies et disposées. Au tournage : décider de l'attaque de la caméra (en terme de distance, d'axe, de hauteur, d'objectif) et du (ou des) micro. Au montage, une fois les plans choisis et disposés, décider de la coupe d'entrée et de sortie. Au mixage, même chose pour les sons.

Au tournage, il y a tendanciellement deux sortes de cinéastes. Les premiers sont ceux qui se préoccupent d'abord et avant tout de la disposition de leurs acteurs dans l'espace, et pour qui la question de l'attaque par la caméra est globalement subordonnée à cette disposition première. Ce sont des cinéastes qui ne choisiront généralement leurs cadres, voire leurs axes et leur découpage, qu'après avoir organisé d'abord l'espace complet de la scène, les déplacements de leurs acteurs, leur scénographie, un peu comme dans une répétition de théâtre. Les autres, au contraire, vont décider d'abord de leur attaque (tel axe, tel cadre) et disposer ensuite leurs acteurs et les éléments du décor en fonction de cette envie première d'attaquer la scène de cette façon-là, ou d'un désir de plan précis.
Ceci dit, qui vaut pour distinguer deux grandes tendances ou familles de

créateurs au cinéma, il va de soi que dans l'acte de mettre concrètement en scène un plan, tout cinéaste oscille sans cesse entre une exigence de disposition et une pulsion d'attaque, contradiction créatrice dont le plan réalisé, attesté, est la résolution en acte, dialectique. L'espace réel impose toujours ses contraintes de disposition, même au plus conceptuel des cinéastes de l'image, et le choix d'une attaque implique toujours de réviser la disposition décidée, même chez les cinéastes les plus respectueux de l'espace de référence. C'est de tensions de cet ordre que naissent souvent les plans vivants, et vibrants, au cinéma. Les plans sagement installés, sans ces contradictions créatrices, risquent fort de laisser échapper la vie de leurs mailles trop lâches.

Ces trois opérations mentales fondamentales — *élection, disposition, attaque* — ne sont énoncées ici l'une après l'autre, de façon bien distinctes et chronologiques, que pour la seule clarté de l'énoncé. Dans la réalité de la pratique cinématographique, elles s'enchevêtrent de façon beaucoup plus dialectique, et ceci à toutes les phases du travail. Il est très rare qu'il n'y ait pas interférence et chevauchement. Un problème d'attaque peut faire revenir sur un choix de disposition : maintenant que la caméra est en place, par exemple, apparaît un problème de masquage qui va peut-être se résoudre en changeant la disposition des acteurs dans le décor. Un problème de disposition peut faire revenir sur un choix d'objet : maintenant que tout est en place dans l'espace, et la caméra postée, il faut peut-être remettre en cause le choix de ce bouquet de fleurs qui prend trop d'importance entre les deux acteurs et en choisir un autre plus modeste. De même au montage : on a d'abord assemblé les plans dans l'ordre 1-2-3. Puis on décide finalement de mettre le plan 3 au milieu, et il s'avère alors que la prise choisie pour le plan 3 n'est plus la bonne dans cette nouvelle disposition : il faut revenir à la phase antérieure pour en choisir une autre qui avait été rejetée. C'est une des raisons pour laquelle un « dérushage » où on choisit les prises avant de savoir où elles vont trouver place dans le montage, et sans connaître les plans mitoyens, est toujours un peu dangereux : même une prise accidentée vers la fin peut se révéler la meilleure au jeu si l'on décide à un moment donné de faire une ellipse et de n'en utiliser qu'une partie.

Ce qui fait à la fois la spécificité, la difficulté et l'excitation du cinéma, c'est que ces opérations mentales, sans lesquelles il n'y a pas de création, ne sont jamais de purs choix abstraits ou intellectuels qui pourraient trouver leur validation dans un pur ciel des idées. Ils se négocient obligatoirement avec la rugueuse réalité, par essais et tâtonnements, retours en arrière, repentirs, jusqu'à ce qu'un équilibre soit considéré comme atteint, qui ne trahisse pas trop l'idée ou l'envie initiale, même si l'on s'en est considérablement éloigné par la belle « force des choses ».

C'est à propos de la question apparemment banale du « point de vue » que j'ai été amené à prendre conscience, un jour, d'une limite de l'analyse classique de type universitaire « scientifique ». Invité à prendre la parole dans une session de formation sur la question du « point de vue » au cinéma, je me suis mis en quête, en universitaire consciencieux, de la littérature théorique qui avait pu être produite sur ce sujet. J'ai compris, à lire ces textes, que quelque chose échappait au pur analyste et qui est une évidence pour quiconque a une expérience concrète de la mise en scène et des processus réels qui contribuent au « point de vue » final inscrit dans le plan. Ce que l'on voit sur l'écran ne relève évidemment pas, comme le postule avec une grande innocence l'analyste - dupe angélique à ce moment-là de l'illusion de réalité que par ailleurs il sait fort bien analyser - d'une décision unique de type « choix d'un point de vue » pour un photographe qui ne peut que choisir sa place et sa focale face à une réalité donnée sur laquelle il n'a aucun moyen ni aucun désir d'intervention directe. Ce serait, disons, le point de vue de Cartier-Bresson en train d'opérer dans la rue. Le cinéaste de fiction sait bien que les choses ne se passent pas ainsi, même dans un décor réel. Le sentiment banal, massif que le spectateur a du point de vue dans le plan qu'il est en train de voir (je vois la scène du point de vue de …) est en fait le résultat d'une dialectique complexe entre les deux gestes qui sont le quotidien du metteur en scène : la disposition et l'attaque.

Imaginons une scène banale où un couple mange dans un restaurant, le cinéma en est plein. Le réalisateur va peut-être commencer par choisir une table pour deux, telle qu'il l'aura trouvée dans la réalité de ce restaurant. Il va lui falloir d'abord disposer l'homme et la femme et faire en quelque sorte le plan de table : l'homme ici, la femme là. Peut-être va-t-il alors trouver une première place pour sa caméra, disons par exemple derrière la femme (pour filmer sa nuque), mais légèrement de biais pour que l'on puisse voir le visage de l'homme[4]. Il est rare que les choses s'arrêtent là, même pour des cinéastes réputés très respectueux du réel comme Rivette ou Rohmer. Souvent quelque chose va venir invalider ce premier choix, par exemple un miroir où se reflète un bout de rue, et dont on n'arrivera pas à maîtriser la lumière. Le cinéaste peut décider alors de déplacer la table d'un mètre sur la droite et de disposer les chaises latéralement, en chandeliers, et non plus dans l'axe. Ou alors il réalise en regardant son cadre que finalement il vaudrait mieux filmer la femme de face, en train d'écouter, et l'homme de dos, même s'il avait prévu l'inverse sur le papier. Il peut à ce moment-là demander à l'acteur et à l'actrice d'intervertir leurs places. Le point de vue final sera la résultante de tous ces changements successifs de disposition et d'attaque.

Un exemple simple permettra maintenant de mieux comprendre ce que j'entends par « analyse de création ». Soit la séquence de l'appartement romain du *Mépris*. Pour l'analyste classique, l'analyse du point de vue serait assez simple : elle consisterait à analyser, à partir des scènes attestées, telles que Godard les a rendues définitives « par hasard », le point de vue choisi plan après plan par Godard (devant le canapé ; derrière Brigitte Bardot en train de feuilleter le livre de peintures érotiques romaines) et, peut-être, d'en dégager une structure d'ensemble permettant de modéliser la question du point de vue dans la totalité de cette scène.

Avant que Godard ne mette en scène les plans de cette longue séquence du *Mépris*, il n'y avait rien dans cet appartement en chantier, ni meubles, ni couleurs, ni acteurs, ni rails de travelling. Il y avait un dialogue entre un homme et une femme, et un appartement vide et aussi blanc qu'une page ou une toile vierges. Godard a trouvé l'appartement, avec ses pièces, ses portes, ses fenêtres, mais a dû décider de tout le reste. Du canapé : de sa couleur et de sa place. De la petite table basse, avec sa lampe à abat-jour. De la pièce qui serait la chambre, de la place du lit dans cette chambre et du lit lui-même. Du peignoir de Bardot et du costume de Piccoli. Il a dû attribuer un site à chaque morceau de sa scène : tel moment du dialogue dans la salle de bain, tel autre autour de la table basse, tel autre dans la chambre. Il a dû décider pour chacun de ces morceaux des axes et de la place de la caméra, du découpage en 2 ou 3 plans ou au contraire d'un panoramique ou d'un travelling.

Il existe des stratégies simples pour aider à cette posture de spectateur « créateur ». Je crois beaucoup, pour l'avoir expérimentée, à celle qui consiste à remettre les élèves, même s'il s'agit bien sûr d'une simulation, au moment où le cinéaste avait d'un côté son « programme » scénarique, c'est-à-dire son projet de scène dans sa tête et sur le papier, et de l'autre côté la réalité du décor où il allait devoir l'inscrire. Au moment, si l'on veut, où Godard est arrivé dans l'appartement romain vide qu'il avait choisi pour tourner la longue scène de ménage du *Mépris*. A l'université, il m'est arrivé de donner aux étudiants un plan au sol de cet appartement (sans y placer aucun meuble ni aucun accessoire) et le dialogue de la scène, en laissant aux étudiants le temps d'imaginer comment ils s'attaqueraient à la mise en scène de cette séquence, dans son sens le plus large, prenant en compte les trois gestes de base de tout acte de mise en scène : l'élection, la disposition et l'attaque.

Avec des enfants, évidemment, on partira de scènes moins longues et dont ils peuvent apprécier les enjeux essentiels. Soit la scène de *Où est la maison de mon ami ?*, par exemple, où le garçon essaie de négocier avec sa mère l'autorisation de rapporter le cahier de classe de son ami, qu'il a emporté par mégarde, et qui lui pose un cas de conscience grave : si son ami se présente le lendemain matin en classe sans son cahier, il sera exclu de l'école. Même si elle fait appel à quelques éléments culturels spécifiques (la cour comme espace de vie, par exemple), cette scène a de nombreux atouts pour une telle approche. Elle est construite sur deux pôles majeurs : la mère qui étend le linge et surveille son fils, le garçon Ahmad qui essaie de faire ses devoirs et vient de réaliser qu'il doit à tout prix ramener le livre à son copain. Un troisième pôle, secondaire, est celui du bébé qui n'est là que comme « demande » permanente de soins, élément perturbateur « en-trop » dans la relation duelle mère-fils. Tout enfant peut s'identifier, pour en avoir connu de similaires, à cette situation d'un semblable pris entre l'interdit des parents et l'urgente nécessité de transgresser cette Loi. On peut raconter la scène et ses enjeux principaux (son « programme » scénarique) et rendre clair, sur un plan au sol ou sur une maquette sommaire, l'espace de la cour. Les élèves sont alors invités à imaginer comment ils s'y prendraient pour penser quelques principes de tournage, les axes et les points de vue principaux, voire même un modeste début de découpage.

Cet exercice peut comporter de multiples variantes. On peut par exemple le pratiquer avant d'avoir montré le film, juste après en avoir raconté le scénario dans ses grandes lignes et situé la scène et ses enjeux dans ce scénario. Les élèves n'auront alors aucune idée préalable du style de film. On peut aussi faire le choix inverse de montrer dans un premier temps le début du film jusqu'à cette scène : les élèves auront alors intégré, même intuitivement, quelques traits majeurs du style du film (la caméra plutôt fixe, par exemple, les plans longs, la rareté des contrechamps) et en seront sans doute influencés, même inconsciemment, mais cela vaut aussi pour le metteur en scène qui sait qu'après quelques jours de tournage le champ du possible s'est déjà limité dans la mesure où les choix déjà opérés influent sur les choix à venir. « Le style d'un film, dit Manoel de Oliveira, ne se définit vraiment qu'après avoir tourné une première douzaine de plans. On devient alors prisonnier d'une manière. »[5] Pasolini, pareillement convaincu que les premières journées de tournage jettent les bases du style du film en restreignant le champ des possibles, raconte comment il s'est rendu compte au bout d'une semaine de prise de vues, au cours d'une nuit d'angoisse, qu'il s'était trompé de style depuis le début et qu'il courrait à la catastrophe esthétique s'il s'entêtait à filmer L'Evangile selon saint Matthieu comme il avait commencé de le faire, c'est-à-dire en resacralisant avec sa caméra du déjà-sacré.

Fragment et totalité.

Dans l'acte de création au cinéma, une des plus grandes difficultés, et la cause de bien des ratages, réside dans le fait que malgré les apparences d'un travail collectif, une seule personne a en tête, même si c'est toujours avec beaucoup de flou et de zones mal définies, le film comme future totalité. Que le tournage d'un film soit le fait d'une équipe ne change rien à l'affaire : le foyer de la création au cinéma est toujours un individu.

Frank Capra, qui travaillait pourtant dans le système des studios hollywoodiens, où une armada de techniciens et d'équipes spécialisées déchargeait le réalisateur d'un grand nombre de décisions et de responsabilités, écrivait dans son autobiographie : « Tous les metteurs (…) sont confrontés à ce même problème : il leur faut veiller à ce que le travail de chaque jour soit en harmonie avec le film pris dans son ensemble. Les scènes tournées hors de leur contexte, isolément, doivent s'adapter parfaitement à la place qui leur est réservée dans la mosaïque du film achevé, avec leurs nuances exactes d'ambiance, de suspense et leurs rapports exacts d'amour ou de conflit. C'est là, comme on peut se l'imaginer, la partie la plus importante et la plus difficile de la mise en scène, et la raison principale pour laquelle, par conséquent, les films sont avant tout l'affaire du metteur en scène. »[6]

Le problème, pour le cinéaste, consiste à prendre chaque jour, pour chaque plan, des décisions irrémédiables dont le film comme totalité, qui n'existe encore que dans sa tête (car le scénario n'est qu'un maigre squelette sans chair), ne validera que bien plus tard, souvent des mois après, le bien-fondé. Le peintre aussi pose ses touches une à une, mais il lui suffit de reculer pour voir l'effet de cette touche sur l'ensemble de sa toile qu'il peut tenir sous le regard dans sa totalité. Le cinéaste pose des touches « en aveugle », et ne peut qu'anticiper sur leur mise en rapport, en rythme, en harmonie ou disharmonie.

Cette question de l'ensemble et du fragment est au cœur de l'acte de création cinématographique. Eisenstein la posait ainsi : « Le processus créateur se déroule de la manière suivante : avant même qu'il n'en ait la vision intime, le créateur perçoit confusément une certaine image où s'incarne émotionnellement son sujet. Ce qu'il devra faire, c'est traduire cette image en quelques représentations de détail qui, en se combinant, évoqueront dans l'esprit et les sens du spectateur, du lecteur ou de l'auditeur, cette même image qu'il avait perçue au départ. »[7]

Le cinéaste a en tête une image globale à laquelle il va donner corps et réalité par les « représentations de détail » que sont les plans. On voit bien la part de pari qu'il y a dans cette opération, et qui ne peut fonctionner pour l'essentiel qu'à l'intuition et la « pré-vision ». Le pari, c'est que ces fragments mis bout à bout finissent par recomposer un objet (très complexe) où le spectateur retrouvera l'émotion première qui a lancé le désir de création, l'envie d'un film. Pessoa le dit autrement, mais l'idée est la même : en art, « nos sensations doivent être exprimées de telle sorte qu'elles créent un objet qui deviendra pour d'autres une sensation. »[8]

Et les choix partiels, qui contribueront à créer cet objet composite, sont de nature tout à fait hétérogènes : un choix de couleur, d'intonation, de telle pièce de costume agissent tout autant sur l'image mentale finale (celle que le spectateur se constituera au cours de la traversée du fil et emportera avec lui à la sortie de la projection) que des choix plus « langagiers » – qui sont souvent les seuls que la pédagogie prend en charge – comme les dialogues ou les mouvements de caméra. L'équilibre artistique, qui donne au film sa singularité d'œuvre, dépend de mille facteurs, impossibles à contrôler de façon strictement rationnelle. Jean Renoir en parle, comme toujours, avec beaucoup de simplicité et d'acuité :

« Ce qui est grave et difficile, c'est que l'équilibre artistique est différent pour chacun, et, personnellement, je n'ai jamais pu me convaincre que cet équilibre devrait être uniquement un équilibre d'histoire. Je passe mon temps à rétablir l'équilibre dans un film, mais de croire que je dois le rétablir seulement avec des éléments «action» ne me vient pas à l'esprit. On peut rétablir l'équilibre avec un objet sur une table, avec une couleur si c'est un film en couleurs, avec une phrase qui ne veut rien dire du tout, mais qui a moins de poids ou plus de poids que la phrase dite avant. »[9]

Dès la phase de l'analyse de séquence de films, on peut sensibiliser les élèves sur le fait que les cinéastes, dans la plus grande majorité des cas, ne pensent pas leur scène un plan après l'autre, à la queue-leu-leu, mais s'efforcent généralement d'en avoir une idée d'ensemble qui se traduit par le choix des axes principaux, par exemple. Un cinéaste avance rarement dans sa scène en se posant au coup par coup le choix de l'axe pour chaque plan. Cela coûterait trop cher en temps de tournage, puisqu'il faudrait changer à chaque plan la place de la caméra, les éclairages, la place de la perche, etc. Mais surtout le cinéaste ne pourrait avoir aucune maîtrise sur la façon dont l'assemblage de ces plans agira plus tard sur le spectateur, et notamment en termes d'identification à la scène. Tous les cinéastes savent que selon les axes choisis, à scénario strictement identique, le spectateur s'identifiera plutôt à tel ou tel personnage, ou à telle place dans la structure psychique que cette scène met en jeu (par exemple : agresseur/agressé). Généralement, le cinéaste commence par se poser la question générale de la future perception de la scène par le spectateur : est-ce que je veux dans cette scène que le futur spectateur s'identifie plutôt, par exemple, à l'agresseur ou à l'agressé ? Est-ce que je veux susciter plutôt le suspense (en donnant à voir au fond du plan celui qui menace le héros) ou la surprise (en choisissant un autre axe où le spectateur sera aussi surpris que le personnage par l'arrivée de l'agresseur dans le champ) ? C'est sur la base de ce choix d'ensemble qu'il va alors commencer à choisir quelques principes, deux ou trois axes fondamentaux par exemple. Les choix de détails, ensuite, plan par plan, seront en partie déterminés par ces principes globaux.

L'un des dangers du storyboard et du découpage trop hâtif, en situation scolaire, est que les élèves s'attaquent au petit bonheur la chance à dessiner des images les unes après les autres, sans que quelqu'un les ait incités à penser quelque peu, d'abord, la totalité de la scène, et de ses effets sur le futur spectateur, avant de se jeter dans le plan à plan. Ce n'est pas parce que l'on a aligné douze vignettes, comme dans une bande dessinée, et que l'on croit ainsi avoir visualisé la scène, que l'on a *pensé* le découpage. Si l'on se contente d'apprendre aux élèves à penser « en détails » sans se poser la question cruciale au cinéma du rapport périlleux, difficile, à la fois très abstrait et très concret, de l'ensemble et du détail, on a toutes les chances de trahir la réalité de l'acte de création au cinéma. Une pédagogie bien pensée du fragment signifie une pédagogie des rapports du fragment à la totalité. Mais penser ce rapport ne saurait se cantonner à analyser le montage en tant que *succession de plans* (les raccords) : il est indispensable, si l'on tient à ne pas trop trahir son objet, de le penser en tant qu'opération mentale, où la succession des plans n'est pas la première question qui se pose au créateur. Dans la vision mentale que le cinéaste a de son film avant de le faire, il n'y a pas encore de successivité, mais une sorte d'image à multiples facettes. Nabokov, encore lui, dit du romancier qui se met au travail : « Temps et enchaînement ne peuvent exister dans l'esprit de l'auteur, car nul élément de temps et nul élément d'espace n'ont régi sa vision initiale. Si l'esprit pouvait fonctionner d'une autre manière, si l'on pouvait lire un livre de la même façon que l'œil appréhende un tableau, c'est-à-dire sans le souci de besogner de gauche à droite, et sans l'absurdité des commencements et des fins, ce serait la façon idéale d'apprécier un roman, car c'est ainsi que l'auteur l'a vu au moment de sa conception. »[10] Robert Bresson est sans doute un des cinéastes qui a formulé avec le plus d'acuité cette pensée du cinéma en train de se faire comme fragmentation recomposant une image initiale globale qui n'appartient qu'au cinéaste, image mentale qu'il ne peut « montrer » à personne : « Il faut être beaucoup pour faire un film, mais un seul qui fait, défait, refait ses images et ses sons, en revenant à chaque seconde à l'impression ou à la sensation initiale, incompréhensible aux autres, qui les a fait naître. »[11]

La prise de décision.

Il y a un temps de la création propre au cinéma, déterminé par une économie qui dicte les conditions de la prise de décision, au cœur même de l'acte de création. L'analyse dispose d'un temps libre et flottant par rapport à un objet fini et stabilisé. Dès lors que le film existe, et qu'on en dispose, on peut passer une après-midi à analyser un plan d'*Une Partie de campagne*, voire des années à analyser le film entier, si on en a fait son objet d'étude universitaire. C'est le privilège légitime de l'analyste (ou tout simplement de l'amateur) de prendre tout le temps qu'il juge bon pour approcher un film. Le tout est de ne pas plaquer les résultats de cette analyse – toutes les cohérences logiques et esthétiques qu'elle permet de mette à jour – avec ce qui a présidé aux prises de décision de Jean Renoir, coincé sur le décor par la pluie, avec une date butoir qui était celle du tournage du film suivant, dont le début était déjà programmé, et pour lequel il a fini par abandonner le premier. Il y a là aussi une différence absolument fondamentale entre le cinéma et d'autres formes d'art. L'écrivain – sauf si c'est un auteur de best-sellers et qu'il a promis son manuscrit à l'éditeur pour une date trop proche – a un temps relativement souple devant lui, qu'il gère à son rythme, en tout cas avec une certaine marge de manœuvre. La décision, il peut la remettre à plus tard, prendre du temps pour la mûrir : il a droit aux corrections et au repentir. Il peut se dire : « aujourd'hui je ne suis pas en état d'écrire, ou je n'ai pas envie, j'écrirai demain », ou encore : « je saute ce morceau qui « vient mal », je m'y remettrai dans une semaine ». Et même après avoir terminé, il peut encore décider de jeter son manuscrit à la poubelle et de réécrire. Il a devant lui une temporalité beaucoup plus extensible que le cinéaste.

Dans les conditions sociales habituelles de l'exercice de la création au cinéma, ce n'est presque jamais le cas, à quelques exceptions près de cinéastes – comme Chaplin ou Godard – qui se sont donné les moyens (en terme de rapports de production) de gérer autrement leur temps de tournage, de ne pas filmer les jours sans inspiration, de recommencer telle scène qui ne leur a pas plu aux rushes, de plier le temps du tournage à celui de leur rythme de création personnel. Chaplin pouvait tourner le même film pendant deux ou trois ans, parce qu'il s'était rendu maître de ses moyens de production, et qu'il était seul à décider que le film était définitivement fini, et montrable au public. Si à un moment donné, il butait sur une scène, il pouvait arrêter le tournage deux-trois mois, pour chercher ce qui n'allait pas et y remédier. S'il s'apercevait après plusieurs semaines de tournage qu'il avait fait une erreur de casting, il jetait toute la pellicule tournée et recommençait le film à zéro avec une nouvelle actrice. Godard, pour certains films, peut aussi tourner pendant plusieurs mois, à un rythme qui est le sien et non celui du rendement d'une production, un peu comme un écrivain. Mais cela reste très exceptionnel dans le cinéma, où la plupart des cinéastes sont bien obligés de jouer le jeu des règles de production industrielles, et y trouver parfois leur compte, y compris dans l'ordre de la création où l'obligation de finir a parfois du bon, comme toute contrainte d'ailleurs. Les cinéastes amateurs et les cinéastes dits expérimentaux ont toujours joui de cette liberté de filmer à leur rythme et selon leur seul désir. Jonas Mekas a filmé pendant des années des plans de sa propre vie parce qu'il n'avait pas le temps, justement, de faire les films qu'il avait envie de faire, pour « garder la main » en quelque sorte, en attendant de pouvoir tourner un « vrai » film. Jusqu'au jour où il s'est aperçu que ces plans quasi quotidiens constituaient *son* œuvre, une œuvre qui mériterait d'être plus présente dans les apprentissages de cinéma comme exemple de souveraine liberté par rapport à tous les codes, et comme modèle d'un cinéma de la sensation globale saisie par un ensemble de mini perceptions partielles. La plupart des cinéastes doivent respecter un plan de travail, élaboré pour un temps strictement limité (le temps, au cinéma, c'est souvent beaucoup d'argent), et qui les obligera, d'une certaine façon, à tourner la délicate scène d'amour mercredi prochain à 9 heures, parce que c'est le jour où toutes les conditions de production sont réunies pour cette scène : le décor, la présence des acteurs, etc. Et ce jour-là, à 9 heures du matin, le cinéaste devra tourner quoi qu'il arrive sa scène d'amour supposée se passer de nuit, même s'il n'est pas inspiré, même si l'acteur est enrhumé et que l'actrice arrive sur le plateau avec un bouton à la lèvre. Ce sont les glorieuses contraintes du cinéma, et souvent celles des élèves dans le cadre scolaire où le temps est aussi la denrée la plus rare, surtout au collège et au lycée. Ils ont parfois une après-midi pour tourner leur film, parce que c'est la seule que l'on a réussi à arracher à l'emploi du temps déjà bien serré de la classe. Pour une fois, donc, la situation en milieu scolaire n'est pas si éloignée des conditions du cinéma. Encore faut-il que les élèves y soient quelque peu préparés et que cela ne déclenche pas des stratégies défensives (type préparation trop rigide) qui se retourneraient contre la seule finalité qui compte : faire une expérience de création.

Dans 99% des cas, au cinéma, la décision se prend avec des butées de temps très strictes, et dans l'urgence, tout en étant d'une certaine façon inamendable. Il faut impérativement prendre en compte cette question capitale de la vitesse. Quand on regarde un film, on a l'impression que tous les choix ont été faits de façon plutôt consciente et réfléchie. Or une partie importante des décisions qui vont constituer la réalité du film se prennent souvent à toute vitesse, à une vitesse qui ne permet pas toujours, loin de là, de se poser rationnellement tous les termes de tous les choix. L'art, c'est souvent résoudre à l'arraché, et à l'intuition, des questions que l'on ne s'est pas forcément posées. La touche du peintre obéit en partie à une décision logique (ce bleu-là va jouer avec le jaune sur la palette restreinte que le peintre s'est donnée pour cette toile), mais c'est le corps, c'est le rythme du bras et de la main, c'est l'intuition qui vont inscrire de cette façon-là, unique et rationnellement inexplicable, cette touche de bleu à cet endroit-là de la toile. L'acte de décision au cinéma est toujours un mixte de rationalité, de vouloir-dire, *et* d'intuition, d'instinct, de réflexe. Sauf quand il n'est pas de l'art mais pure communication-consommation.

La formule célèbre du jeune Godard reste toujours très belle et très valable : « le cinéma, c'est le définitif par hasard ». Le hasard, c'est tout ce qui dans un plan, même le plus concerté, échappe à la maîtrise et n'a lieu qu'une fois, au moment précis de cette prise : cet animal ou ce passant qui traverse le champ, la forme de ce nuage au moment où la caméra a tourné, cette intonation fugitive incontrôlée de l'acteur. Le cinéma est aussi, à certains moments, une activité « réflexe ». Être un bon cinéaste, c'est avoir des bons réflexes, c'est prendre la bonne décision au bon moment, qui tient parfois dans une fraction de seconde, même si on ne sait pas exactement pourquoi. La chance, au cinéma plus encore qu'ailleurs, est chauve derrière la tête, et fugitive : si on ne l'attrape pas par les cheveux au moment précis où elle se présente de face, il sera trop tard pour la saisir deux secondes après, quand elle aura tourné les talons. L'analyse classique induit de façon sourde qu'il y a eu conceptualisation du choix, temps du choix. Au cinéma souvent il y a choix, et choix multiples, simultanés, enchevêtrés, sans qu'il y ait eu véritablement le temps du choix.

Il y a pourtant une phase de l'acte de création, au cinéma, où cette question de la vitesse se pose de façon moins contraignante, celle du montage, au cours de laquelle le cinéaste est beaucoup plus en position de réfléchir, de rationaliser ses choix, de les remettre en cause, de faire et défaire, de tâtonner. Et c'est de plus en plus vrai avec le montage numérique, qui laisse tout loisir au cinéaste, chez lui, de se familiariser avec ses rushes, de faire des essais, des variantes, des maquettes de scènes, à n'importe quelle heure du jour et de la nuit. Dans le montage classique, le cinéaste qui voulait essayer une nouvelle « version » de sa scène était obligé de « casser » la précédente, de prendre la décision de défaire le montage antérieur pour construire le nouveau à partir de la même pellicule, qu'il fallait recouper et recoller autrement. Aujourd'hui, où l'on peut stocker sans difficulté tous les montages essayés, toutes les variantes, le moment du choix définitif, de la décision, peut être reculé très longtemps, reporté sans cesse au lendemain, jusqu'à ce que l'obligation de « livrer » à un producteur, un diffuseur ou un distributeur oblige à le faire. Et encore, il reste toujours au cinéaste la possibilité virtuelle de refaire un jour une autre version, plus courte ou plus longue, pour la sortie en DVD par exemple. Le temps n'est peut-être pas si loin où la version « salle » d'un film sera considérée par le cinéaste comme une sorte de version de compromis avec les exigences commerciales de la distribution et de l'exploitation, dans l'attente de « sa version d'auteur » qui sera publiée un peu plus tard en DVD : le processus est déjà en route.

Le programme, la réalité, l'acteur.

Dans *Je vous salue Marie*, une actrice dit cette très belle phrase : « *On s'émerveille qu'une image arrive, il pourrait ne rien y avoir.* » Dans l'analyse de création, on pourrait dire : « On s'émerveille qu'une image soit ce qu'elle est, elle pourrait être tout autre.» Devant tout plan ou toute scène, il faut remonter au moment où il n'y avait qu'un « programme » scénarique et esthétique de cette scène et une multitude de choix encore ouverts. De tous ordres : décors, costumes, déplacements, lumières, rythmes, gestes ou intonations de l'acteur. Le plan que l'on voit est toujours un mixte entre le « programme » de la scène – antérieur à la mise en scène effective –, quelques principes généraux déterminés au départ pour l'ensemble du film, et les décisions prises plan à plan, scène à scène. Ces décisions relèvent simultanément de cette part d'instinct qui ressemble à celle de la touche du peintre et de la rencontre avec le réel.

Il y a toujours, même confus, même non écrit, même inexprimé, un « programme » de la scène dans la tête du cinéaste qui s'apprête à tourner. Il peut tenir dans un scénario classique, un dialogue griffonné au dernier moment sur un bout de papier, quelques croquis ou un plan au sol, ou juste quelques mots prononcés, mais nul ne peut tourner sans un « projet » de scène, même à court terme. Chaque cinéaste, ensuite, en fonction de son tempérament, du type de film qu'il entend faire et de l'économie dans laquelle il travaille, trouve le rapport qui lui semble le plus juste entre ce « programme » et son actualisation. Ce rapport peut être de simple exécution : le tournage, puis le montage deviennent la traduction la plus fidèle possible du « programme », c'est le cinéma quelque peu panoramique de type « storyboard verrouillé » qui peut donner les plus grands films d'Hitchcock, de Fritz Lang et de Kubrick, mais aussi les films les plus asphyxiés par la maîtrise, où la vie n'arrive plus à trouver d'ouvertures pour respirer. Ce peut être la semi-improvisation : le film se tourne sur un canevas où sont déjà esquissées les scènes, mais le dialogue s'écrit au jour le jour, en fonction de ce que le tournage installe comme ambiance, apporte comme propositions venant aussi bien du décor que des acteurs que de la météo. C'est la méthode de la plupart des films de Rivette ou de certains films de Rohmer comme *Le Rayon vert*, ou encore du premier Wenders. Elle doit beaucoup, en France, aux films pionniers de Jean Rouch.

Elle a été bien avant la Nouvelle Vague – qui a milité à ses débuts pour un scénario plus « ouvert » que celui qui était alors en vigueur dans le cinéma français de studio – celle de ses maîtres Rossellini et Renoir.

 L'acte de création, au cinéma, se situe souvent entre ces deux extrêmes, surtout en situation scolaire où la maîtrise maniaque est irréaliste et décevante à cause de la précarité du temps et des moyens disponibles : la maîtrise absolue de type hitchcockien est ce qui coûte le pus cher au cinéma, le réel ne se laissant pas aussi facilement évacuer quand on n'a pas de gros moyens et de grosses équipes pour le reconstituer en studio.

Contrairement à l'écrivain ou au compositeur de musique, le cinéaste (qu'il tourne en studio ou en décor naturel, une fiction ou un documentaire) a affaire au réel, aux choses du monde sans lesquelles il n'y aurait rien sur la pellicule, en tout cas jusqu'à une date récente où les images cent pour cent numériques ont commencé à ouvrir de nouvelles perspectives d'images pouvant produire un effet de réel sans rencontre avec le réel. On peut cependant parier sans risques que le cinéma où la caméra enregistre quelque chose qui est devant elle – mis en scène ou réel brut, – a encore de beaux jours devant lui. C'est un besoin du spectateur que le numérique ne saurait éliminer : voir de vrais corps, de vrais paysages, des visages dont on peut suivre de film en film les changements que leur imprime le temps. Le cinéma, c'est voir vieillir les acteurs dont on est le contemporain, faire un long plan sur un visage c'est « voir la mort au travail » selon la formule de Jean Cocteau. Pour André Bazin, cette saisie mécanique d'un bloc d'espace-temps, d'une réalité apprêtée ou pas, constitue la vocation ontologique du cinéma comme art spécifique, puisque après tout le fait de raconter une histoire est un héritage de la littérature romanesque ou théâtrale. C'est au nom de cette vocation ontologique du cinéma que Godard a pu décréter un jour : « au cinéma il faut voir l'histoire, pas la raconter ». Le propre du cinéma, c'est que cette réalité, quelle qu'elle soit, vient toujours résister, d'une façon ou d'une autre au « programme » du plan, de la scène, du projet du film, et que le bon cinéaste, là encore, est celui qui tient compte de cette résistance, qui s'y adosse et la retourne à l'avantage artistique de son film. Cette réalité qui résiste, c'est d'abord l'espace qui préexiste à toute mise en scène, c'est le décor, naturel ou pas (une porte de studio est un objet aussi réel qu'une porte de décor naturel), c'est la météo (l'histoire du cinéma est pleine de chefs-d'œuvre qui ont été tournés dans des conditions météorologiques calamiteuses par rapport aux prévisions du scénario et de la production, de L'Atalante à La Règle du jeu), c'est surtout et toujours les acteurs.

L'acteur, en effet, même celui que le cinéaste a voulu, même s'il a écrit le scénario en pensant déjà à lui, même s'il « s'entend bien » avec lui, comme on dit, est toujours la chose la plus résistante, la plus surprenante, voire la plus expropriante pour le cinéaste par rapport au film tel qu'il l'imaginait mentalement quand il écrivait son scénario. C'est que l'acteur, tout à coup, sur le plateau, incarne avec son corps, avec ses gestes et ses rythmes propres, ses intonations, sa façon de scander les mots du dialogue, un personnage qui n'était jusque-là qu'un personnage de papier, et cela est toujours vécu comme une sorte de dépossession de l'image mentale, globale, aux contours assez flous, que l'on en avait eu auparavant. L'acteur est ce qui résiste le plus au cinéma, surtout lorsque le cinéaste se rend compte que cette incarnation s'écarte (et c'est presque toujours le cas) de l'image mentale qu'il s'était faite de la scène ou même, tout simplement, de la façon de dire une phrase. Un dialogue que l'on entend, quand on l'écrit, avec son oreille intérieure, n'est jamais celui qui sort de la bouche de l'acteur, qui lui apporte forcément le grain de sa voix, une couleur interprétative, sa rythmique propre.

Le bon cinéaste est celui qui construit quelque chose de nouveau, qui n'est pas tout à fait ce qu'il avait « pré-vu », *avec* cette singularité de l'acteur qui lui oppose résistance, et qui évalue plan après plan, à l'intuition, à l'œil et à l'oreille, la part de ce qu'il doit corriger (pour aller dans le sens de son idée initiale) et la part de ce qu'il doit accepter, venant de l'acteur, comme transformation acceptable, ou même bénéfique, de son personnage et de son film imaginaires. Il s'agit sans doute là de la partie la plus vivante et la moins facile à maîtriser dans la mise en scène de cinéma. Tout le reste − lumière, cadre, découpage − peut s'apprendre et plus ou moins se contrôler, pas cette relation vivante à l'acteur, qui est à refonder chaque jour, pour chaque plan. Cela explique le ratage de bien des premiers courts métrages, y compris dans les écoles de cinéma les plus prestigieuses, où toute l'énergie du tournage est mobilisée pour maîtriser impeccablement tous les paramètres techniques, pendant que les pauvres acteurs, abandonnés à eux-mêmes, délaissés par le réalisateur soucieux avant tout de prouver sa capacité de maîtrise, sont jetés au dernier moment dans un plan où ils sont nécessairement désorientés et souvent mauvais sans que ce soit le moins du monde de leur faute. L'acteur est une composante essentielle du film perçu par le spectateur : s'il est mal choisi ou mauvais, le meilleur scénario s'effondre et aucune maîtrise technique ou langagière n'y pourra rien. Il est donc indispensable, dans l'approche des films en classe, d'apprendre à observer les acteurs et leur jeu, dans les films étudiés, avec la même attention que le cadre ou les mouvements de caméra. L'école le fait encore très rarement, comme s'il s'agissait d'une approche futile. Or l'observation et la description de la façon dont un acteur joue une scène (et dont le cinéaste articule sa mise en scène à cette question de l'acteur) est l'une des entrées les plus concrètes et les plus riches pour approcher le cœur même du cinéma de fiction. Le livre de Luc Moullet, *Politique des acteurs*[12], ouvre des pistes précieuses, et tout à fait simples à utiliser, pour cette analyse du rôle et du jeu de l'acteur.

Quiconque, en situation d'enseignement, se refuserait à prendre en compte comme une donnée essentielle de l'acte cinématographique cette rencontre avec la réalité, au nom d'une crispation sur la maîtrise, fausserait gravement la nature même de ce cinéma qu'il entend transmettre. Donner aux élèves les moyens d'une certaine maîtrise dans l'approche des films est une des vocations de l'enseignant, mais le danger pédagogiste majeur serait de réduire l'approche du cinéma aux éléments qui relèvent de la maîtrise. On raterait à coup sûr, ce faisant, le cinéma comme art du perceptif et du sensible, et comme « langue écrite de la réalité ».

La négativité, le non-logique.

Un cinéaste, qui intervient souvent dans des situations pédagogiques (Yves Caumont) a mis au point un « exercice » d'initiation à la création où il compare successivement trois versions cinématographiques d'une même scène de *Madame Bovary*, la scène où elle reçoit la lettre de rupture de Rodolphe dans une corbeille d'abricot et, violemment troublée, manque de tomber de la fenêtre du grenier où elle se dissimule de son mari pour la lire. Le « programme » scénarique de la scène est grosso modo le même pour Jean Renoir, Claude Chabrol et (dans une moindre mesure) Vincente Minnelli : montrer la détresse et le vertige qui saisit cette femme à la lecture de cette lettre d'adieu alors que son mari est là, dans la maison, spectateur indésirable de son trouble et de sa détresse. L'expérience de cette comparaison est tout à fait éclairante : le même « contenu » et les mêmes situations ne génèrent absolument pas les même choix de la part des trois cinéastes. Renoir et Chabrol font tous deux le plan, vu de l'extérieur de la maison, où Emma est au bord de la fenêtre du grenier, surcadrée par celle-ci. Chabrol fait un plan en violente contre-plongée où la caméra, au sol, semble attirer la femme vers la chute. Renoir fait un choix d'axe inverse : il place sa caméra au-dessus de la fenêtre et filme, lui, le même vertige d'Emma en « plongée ».

La question ici n'est évidemment pas celle de la sempiternelle adaptation mais bel et bien celle des choix de création. Dans cette situation dramatique d'une femme qui vacille au bord du gouffre dans un moment de grande détresse - que l'on retrouve dans de nombreux films qui n'ont aucun rapport avec le roman de Flaubert, notamment ceux d'Hitchcock qui aimait beaucoup suspendre ses actrices au bord du vide, sur des quais de fleuves ou des falaises abruptes – le choix de l'axe par lequel la caméra va « attaquer » le personnage est un choix capital. Imaginons une classe, qui ne connaissant pas la version de Renoir, analyserait le plan de Chabrol selon la logique scolaire classique de l'analyse. Il y a gros à parier que l'on démontrerait aisément que Chabrol, en bon cinéaste, a choisi par déduction logique LA bonne solution. Cela donnerait à peu près ceci : « le cinéaste a choisi la contre-plongée car c'est le meilleur axe pour voir le corps de l'actrice vaciller et nous faire frémir de la peur (délectable) de la voir tomber et s'écraser au sol à côté de nous, en quelque sorte sous nos yeux ». Imaginons les conclusions d'une autre classe qui analyserait le seul film de Renoir sans connaître celui de Chabrol : « le grand cinéaste (qui a priori fait toujours le bon choix, puisqu'il est un grand cinéaste) a choisi la contre-plongée pour nous faire voir l'appel du gouffre sous l'héroïne, afin de mieux nous faire partager son point de vue en hauteur et son vertige ». Que dire de ces deux analyses ? Elles sont aussi convaincantes l'une que l'autre et ne prouvent qu'une chose : que toutes les démonstrations en circuits courts, déterministes (le cinéaste a fait ce choix pour produire tel effet) sont rassurantes (tout choix est justifiable, avec plus ou moins de contorsions analytiques selon les cas, dans la logique volontariste du fameux et redoutable « vouloir-dire » du réalisateur) mais passent largement à côté de la réalité (mille fois moins rationnelle) de l'acte de création. Pour revenir à ce fameux plan de la femme au bord du gouffre (ou s'imaginant l'être), il est probable que le choix de l'axe dépend d'abord d'une conception d'ensemble de la scène et de la place que le cinéaste entend globalement aménager à son spectateur, et que la solution-Chabrol (être à la place de celui qui attend au sol la chute de la femme) et la solution-Renoir (participer d'un point de vue qui est plus proche de celui de la femme elle-même) sont relativement opposées. Mais je ne doute pas, pour ma part, qu'au dernier moment, l'un et l'autre auraient pu faire le choix inverse.

Ce qui est évident, à comparer la version de Renoir et celle de Chabrol, c'est qu'il y a beaucoup plus de « folie » dans celle de Renoir, que la logique de la pure et simple « communication » du sens de la scène y est plus d'une fois troublée, prise à revers, voire contredite. On y trouve beaucoup d'éléments inexplicables, notamment dans des cadres étranges, qui résistent à toute logique simpliste, y compris la logique que l'on devine être celle de la scène pour Renoir. L'art (même aussi socialisé et industriel que peut l'être le cinéma), est ce qui résiste à la pure logique, et qui tient à l'intuition et à la souveraineté de l'artiste, qui lui fait opérer des choix, prendre des décisions où s'imprime sa personnalité profonde, ses obsessions, ses aversions et ses goûts, et ce qui le constitue comme sujet unique. Si l'acte de création, au cinéma, n'obéissait qu'à la logique déductive, il y aurait effectivement une seule façon de filmer ce plan d'Emma au bord de la chute, et tous les cinéastes tant soit peu talentueux et logiques adopteraient la même solution. L'école, si elle veut approcher le cinéma comme art, doit se débarrasser une fois pour toutes de la vieille idée scolastique selon laquelle il y a une bonne façon, et une seule, de dire quelque chose et de filmer une scène ou un plan au cinéma.

S'il y a véritablement art, c'est qu'est à l'œuvre dans le film ce « coefficient d'art personnel » dont parle de façon limpide Marcel Duchamp, qui savait de quoi il en retourne en matière de création artistique : « Pendant l'acte de création, l'artiste va de l'intention à la réalisation en passant par une chaîne de réactions totalement subjectives. La lutte vers la réalisation est une série d'efforts, de douleurs, de satisfactions, de refus, de décisions qui ne peuvent ni ne doivent être pleinement conscients, du moins sur le plan esthétique.
Le résultat de cette lutte est une différence entre l'intention et sa réalisation, différence dont l'artiste n'est nullement conscient.
En fait, un chaînon manque à la chaîne des réactions qui accompagnent l'acte de création ; cette coupure qui représente l'impossibilité pour l'artiste d'exprimer complètement son intention, cette différence entre ce qu'il avait projeté de réaliser et ce qu'il a réalisé est le "coefficient d'art" personnel contenu dans l'œuvre.
En d'autres termes, le "coefficient d'art" personnel est comme une relation arithmétique entre "ce qui est inexprimé mais était projeté" et "ce qui est exprimé inintentionnellement". »[13]
Ce disant, Duchamp postule que tout créateur a un projet, une intention, un cap, un « programme », inévitablement transformé par l'œuvre en train de s'accomplir. Il ne s'agit pas pour lui de décréter que tout est possible au nom d'une liberté illimitée de l'artiste qui n'a évidemment pas grand sens, et qui ne peut être d'aucun secours pour qui cherche lui-même à apprendre de l'art. Mais il prend en compte le fait que cet accomplissement lui échappe en partie, pour des raisons qui font justement qu'il est un artiste et pas un simple traducteur ou exécutant de son propre projet. Robert Bresson se donnait à lui-même la consigne : « Ne pas avoir l'âme d'un exécutant. Trouver, pour chaque prise de vue, un nouveau sel à ce que j'avais imaginé. Invention (réinvention) immédiate. »[14] Il serait tout à fait dommageable d'apprendre à nos élèves, ce qui est une grande tentation de la pédagogie, à devenir leurs propres exécutants, trop soumis à leur projet écrit ou dessiné. Le pédagogue doit trouver la bonne posture entre la prise en compte d'un programme et le «coefficient d'art» dont parle Duchamp : ce qui était projeté et qui n'est pas actualisé dans le film et ce qui ne l'était pas et qui s'y est inscrit.
« Il n'y a pas de peinture, écrit Samuel Beckett. Il n'y a que des tableaux. (…) Tout ce qu'on peut en dire, c'est qu'ils traduisent, avec plus ou moins de pertes, d'absurdes et mystérieuses poussées vers l'image, qu'ils sont plus ou moins adéquats vis-à-vis d'obscures tensions internes. Quant à décider vous-

même du degré d'adéquation, il n'en est pas question, puisque vous n'êtes pas dans la peau du tendu. Lui-même n'en sait rien la plupart du temps (…) Pertes et profits se valent dans l'économie de l'art, où le tu est la lumière du dit, et toute présence absence. Tout ce que vous saurez jamais d'un tableau, c'est combien vous l'aimez (et à la rigueur pourquoi, si cela vous intéresse). »[15]

Il y a souvent, dans l'acte de création, une force de négativité qui fait partie de la pulsion de créer. Un film rend cette force particulièrement visible, c'est *Le Mystère Picasso* de Clouzot, film précieux pour approcher ce qu'il y a de non-logique de l'acte de création, ou en tout cas ce qui obéit à une autre logique. On y voit des tableaux en train de se faire, ce qui nous donne un accès précieux à cette chose jamais vue : tous les tableaux qui sont *sous* le tableau attesté, signé, et qui l'ont engendré. On y touche de l'œil, si j'ose dire, que le tableau suspendu au mur du musée n'a jamais été, pour Picasso, qu'une cessation des possibles. Il commence par peindre une tête de taureau, et cela devient une plage, ou l'inverse. On a parfois l'impression, devant un tableau en train de se faire, que Picasso atteint à un moment donné à une sorte d'équilibre, où la toile nous paraît parfaitement « en place », réussie, mais Picasso s'arrête rarement à ce profil d'équilibre, il se met à s'acharner sur elle, à la brouiller, à l'abîmer (à nos yeux à nous, évidemment), à la « casser », pour s'arrêter finalement sur un état qui nous semble plus contingent, déséquilibré, « tordu », que certains états antérieurs. Il y a parfois presque de la rage chez lui à noircir ou raturer des pans entiers de ce tableau qui nous semblait à nous, purs spectateurs de l'acte de création, harmonieux, stable, accompli.

Au cinéma, le travail de Godard est tout à fait exemplaire de cette pulsion négative à l'œuvre dans l'acte de création. Je pense pas exemple à la scène de la réunion syndicale des ouvrières de l'usine dans *Passion*. Comme tous les cinéastes, Godard commence par organiser sa scène pour la rendre intelligible, il en dispose les éléments afin de la filmer dans le sens du programme scénarique, car cette scène a un rôle à jouer dans le récit d'ensemble du film : montrer le rôle d'Isabelle Huppert dans la grève qui se prépare et ses relations avec les autres ouvrières. Mais soudain, au moment de filmer, il voit une figurante, dans le fond, avec un rayon de soleil sur ses cheveux roux, et il place sa caméra, non plus à la place logique où elle aurait rendu compte du sens de la scène et lui aurait donné son maximum de lisibilité, mais derrière cette figurante. Il n'est plus à « la bonne place » par rapport à l'intelligibilité immédiate de la scène, mais il a rencontré un vrai désir, neuf, qui ne doit rien au scénario, de filmer ce plan. Godard, dans ces cas-là, ne sacrifie jamais son désir de plan à la clarté de la communication. Bresson cite une phrase d'Auguste Renoir : « Il faut peindre le bouquet du côté où on ne l'a pas préparé ». Si le cinéaste prépare son bouquet et pose ensuite sa caméra au bon endroit, celui de la meilleure lisibilité, il risque de n'y avoir plus aucune surprise, aucune vie, aucun désordre, aucune fraîcheur des sensations. Il faut préparer le bouquet, mais parfois, il faut oser le filmer au dernier moment dans un autre axe. Cette part illogique, pulsionnelle, qui peut sembler négative, agir contre la scène, fait partie intégrante de l'acte de création, s'il n'est pas trop aseptisé ni soumis aux lois de la pure consommation.

L'école, depuis toujours, a horreur du vide et du négatif. Il est vrai qu'il est dans sa vocation d'apprendre à construire, avant de parler de ce qui joue à contre-courant de cette construction, et qui est souvent de l'ordre des pulsions de création. Je ne suis pas sûr pour autant que les analyses colmatantes – où tout, dans la scène ou le film analysé, obéit à une belle logique constructive, dont l'analyste construit un modèle sans faille et trop convaincant – ne trahisse pas parfois les objets dont elles s'emparent. Peut-on sérieusement analyser un film de Jean Renoir sans prendre en compte la maxime de son père Auguste sur le côté non préparé du bouquet ? Et lorsqu'il s'agit d'initier à l'acte de création, a-t-on vraiment le droit d'occulter la part de négativité qui en constitue parfois la force vive de tension, sans laquelle il risque de n'y avoir aucune étincelle de vie mais pur et simple académisme rhétorique et asservissement du geste de création à la seule communication ?

1. Jean Renoir, *Entretiens et propos*, numéro hors-série des *Cahiers du cinéma*, 1979.

2. Georges Bataille, *Manet*, Skira Flammarion, 1983.

3. Paul Valéry, *Introduction à la méthode de Léonard de Vinci*, Folio essais, ed. Gallimard, 1992.

4. On se souvient de Godard, dans un des nombreux cafés parisiens de *Vivre sa vie*, jouant avec la vicariance de ce point de vue et les masquages réputés « interdits » qu'il souligne au passage en arrêtant un instant le travelling.

5. Antoine de Baecque, Jacques Parsi, *Conversations avec Manoel de Oliveira*, éd. Cahiers du cinéma, 1996.

6. Frank Capra, *Hollywood Story*, Ramsay Poche cinéma, 1988.

7. S. M. Eisenstein, *Le film : sa forme / son sens*, Christian Bourgois éditeur, 1976.

8. Fernando Pessoa, *Fragments d'un voyage immobile*, Rivages Poche/Petite Bibliothèque n° 42, 1991.

9. Jean Renoir, idem.

10. Vladimir Nabokov, *Littératures 1*, op. cit.

11. Robert Bresson, *Notes sur le cinématographe*, op. cit.

12. Luc Moullet, *Politique des acteurs*, éd. Cahiers du cinéma, 1993.

13. Marcel Duchamp, *Le processus créatif*, coll. Envois, L'échoppe éd., 1993.

14. Robert Bresson, *Notes sur le cinématographe*, idem.

15. Samuel Beckett, *Le monde et le pantalon*, éditions de Minuit, 1990.

VIII - CRÉER EN CLASSE : LE PASSAGE À L'ACTE

La création n'est pas l'envers de l'analyse.

L'illusion pédagogiste majeure, en matière de création, consiste à faire comme si l'acte de création obéissait (en miroir) à la même logique déductive que l'analyse. Il suffirait d'utiliser « à l'envers », au moment de la création, la logique que l'analyse met à jour dans le film ou la scène attestée. Si l'on a enseigné, pour prendre un stéréotype qui a la vie dure, qu' Orson Welles a filmé tel plan de *Citizen Kane* en contre-plongée « pour » magnifier son personnage, et tel autre en plongée, dans *La Soif du mal* « pour » l'écraser, il suffirait de se poser la question – est-ce que je veux magnifier ou écraser mon personnage ? – pour choisir son angle d'attaque sur le pauvre acteur qui se demande pourquoi on le traite comme un petit Orson Welles, dont il n'a ni le charisme ni la corpulence.

Les courts-circuits de ce genre sont souvent, pour l'enseignant, une façon de se rassurer sur sa capacité et ses compétences à jouer son rôle dans un domaine qu'il n'a pas forcément le sentiment de maîtriser. Il y a évidemment une part de logique consciente dans les choix multiples et simultanés que le cinéaste doit faire à chaque instant, et qu'il est en mesure de justifier de façon crédible devant son chef-opérateur ou son comédien (« je préfère être dans cet axe car cela me permet de voir arriver tel personnage avant le protagoniste »). Mais il y a des choix tout aussi décisifs qui sont pris à l'intuition, avec l'intime conviction que c'est le bon choix, même si le cinéaste est incapable ou n'a pas envie de les justifier devant une équipe dubitative. Il arrive souvent que le réalisateur « invente » a posteriori une justification logique à tel ou tel choix dont les vraies raisons sont très difficiles à communiquer à des tiers.

S'ajoute à cette difficulté le fait que le nombre de décisions à prendre pour un seul plan est tel que la vision idéaliste selon laquelle le cinéaste y répondrait l'une après l'autre selon une sorte de *check-list* imaginaire avant de passer à l'acte est absurde. Ces décisions sont de tous ordres et de toutes natures et pas seulement langagiers : le cinéaste doit décider aussi bien de la couleur de la chemise que du déplacement de l'acteur que du type de lumière dont il a besoin pour ce plan-là et cette prise-là. Elles relèvent autant du goût, de la phobie, du rythme, que du sens proprement dit (donc du langage), que l'école a toujours tendance à survaloriser.

On trouve, au cinéma comme dans les autres arts, de grands critiques et de grands théoriciens n'ayant jamais eu la moindre pratique de l'art dont ils étaient spécialistes. Je suis convaincu cependant que pour initier à une pratique de création, mieux vaut en avoir une expérience directe et personnelle, même très modeste. C'est une différence d'exigence entre *enseigner*, au sens classique, et *initier*. Il manquera toujours quelque chose à l'initiateur qui n'a jamais eu l'expérience intime du geste de la création et de *ce qu'il engage pour le sujet*. Car c'est bien d'une expérience de sujet à sujet qu'il s'agit dans la transmission d'un geste de création, pour laquelle il est presque indispensable d'avoir au moins une fois dans sa vie pris le risque de choisir sa place, son axe, sa distance, son cadre, de décider de ce qu'il faut dire ou pas à l'acteur, de son déplacement, de la justesse du jeu, de la vitesse du mouvement de caméra, etc. Cette expérience donnera forcément au passeur une décrispation et une tolérance plus grandes.

Pourquoi et pour qui filme-t-on ?

C'est précisément pour que les élèves fassent eux-mêmes cette expérience que le passage à l'acte est indispensable. Car il y a quelque chose d'irremplaçable dans cette expérience, vécue autant dans le corps que par le cerveau, un savoir d'un autre ordre, qui ne peut s'acquérir par la seule analyse des films, aussi bien conduite soit-elle. On n'apprend pas à skier en regardant les épreuves de descente à la télévision, si l'on a jamais éprouvé dans son corps, avec ses muscles, les sensations de l'état de la neige, des bosses de la pente, de la vitesse, de la peur et de la joie.

Cette expérience de la création, qui est essentielle, indispensable, entre souvent en concurrence avec une autre finalité, plus visible, plus facile à évaluer, celle de produire une réalisation collective montrable aux autres, aux parents, ou dans les festivals spécialisés. La question se pose régulièrement avec une désespérante monotonie en milieu scolaire : pour quoi et pour qui filme-t-on ? faut-il montrer le résultat ? à qui ? dans quelles conditions ?

Au cinéma, il est rare que l'on filme uniquement pour soi, sinon dans l'ordre du journal intime. Aujourd'hui, grâce aux petites caméras numériques « de poche », beaucoup de gens – considérablement plus qu'à l'époque du super 8 ou même des caméscopes plus volumineux – filment d'abord pour eux, dans un premier temps en tout cas, un peu comme on tient son journal ou on prend des photos. Avec cette nouvelle pratique du cinéma à la première personne, nul ne se sent obligé de finir le film, de le montrer à quiconque, ni même de passer du stade des rushes à celui d'objet-film. Le « boom » du cinéma autobiographique des dernières années a sans doute à voir avec cette mutation qui a permis à une œuvre comme celle de Jonas Mekas, pour prendre un exemple réjouissant, de sortir du ghetto « cinéma expérimental » où elle était confinée depuis plus de trente ans. C'est une évolution que la pédagogie de la création se doit de prendre en compte : on peut imaginer aujourd'hui des libres exercices de filmage à la première personne, et on dispose d'outils qui les rendent praticables. Ces exercices en solitaire vont certainement changer la donne du moment décisif de « la première fois ».

Il n'en reste pas moins que la finalité de faire un objet-film montrable est celle de tout cinéaste, pour peu qu'il soit inscrit dans un système de production, aussi modeste soit-il. L'école, si elle entend être un lieu d'échange et de socialisation, se doit de prendre en compte cette finalité de « montrer ce que l'on a fait ». Une fois ce principe posé, commencent tous les dangers. Le danger majeur est celui de faire de cette présentation la finalité même d'une pratique de création en classe, et de la dévoyer ainsi de sa raison d'être profonde. En situation scolaire, le but premier de la réalisation n'est pas le film réalisé comme objet-film, comme « produit », mais l'expérience irremplaçable d'un acte, même très modeste, de création. Il y a dans le geste de faire une vertu de connaissance qui ne peut passer que par lui. La « réussite » de l'objet film, tel qu'il peut séduire un public de parents d'élèves, voire de pairs, ne garantit en aucune façon que « l'exercice a été profitable » pour reprendre la phrase désormais célèbre de *Moonfleet*. J'ai souvent le soupçon contraire, devant des films plébiscités par un public enthousiaste, que ce sont précisément ceux qui ont le moins appris à ceux qui les ont faits, trop tournés qu'ils étaient vers un souci de communication, un désir d'efficacité et donc de soumission devant les codes les plus « plombés ».
La tradition du « spectacle de fin d'année » est très prégnante dans la culture scolaire française, avec son mélange de niaiserie et d'autosatisfaction béate. Le cauchemar absolu serait de réaliser des films, en classe, en fonction du futur succès, à l'applaudimètre, de la séance de fin d'années, avec les parents ou tout autre public. Il est de la mission des adultes qui ont accompagné ces réalisations de profiter de ces projections pour éduquer aussi un tant soit peu le public des parents et de leur présenter les films pour ce qu'ils sont, des traces d'expérience, des étapes d'un processus créatif, en insistant avant tout sur leur valeur d'apprentissage. Parmi les solution possibles, il y a celle qui consiste à montrer dans la même séance à la fois le processus (les exercices qui ont précédés la phase de réalisation, quelques rushes, plusieurs montages de la même scène) et le résultat de ce processus. Par ailleurs, les parents seront d'autant plus enclins à voir ces films autrement que comme un programme télé qu'il auront participé eux-mêmes à certains moments du tournage, un peu en retrait, comme forces d'appoint (à l'intendance ou à la régie, par exemple), ou comme simples accompagnateurs.

Faire un film qui plaît, et que le public (même celui, truqué, de ce genre de séance) « comprend » est assurément très gratifiant pour tout le monde. Le sentiment d'échec est toujours dommageable. Et quand un public de pairs (une autre classe, par exemple, car les parents sont toujours prêts à « admirer » ce qu'ont fait leurs rejetons) manifeste qu' « il n'a pas compris l'histoire », les élèves réalisateurs l'éprouvent bel et bien comme un échec. Tout cela mérite pourtant d'être relativisé et clarifié.

Le plus souvent, c'est par maladresse, par manque de maîtrise sur les moyens du cinéma, la conduite du récit, que le film, limpide dans la tête de ceux qui l'ont réalisé, persuadés qu'il allait être tout à fait lisible, devient obscur pour ceux qui le reçoivent. Mais après tout, aucun enseignant ne demande à un enfant de dix ans de dessiner comme Ingres ou un dessinateur publicitaire. Ce que l'on attend de la pratique graphique de cet enfant (et qui indexe le sentiment de la réussite de son dessin) n'est pas ce que l'on attend d'un étudiant des Beaux-Arts. Ni sur le plan technique, ni sur le plan artistique, ni même sur le plan de sa « valeur d'exposition ». Pourquoi en irait-il autrement au cinéma ? Pourquoi un enfant, ou un groupe d'enfants, maîtriserait-il parfaitement ce que nous savons être le résultat d'un long processus de maturation, et pas seulement technique, mais d'appréhension générale du monde et des modes de représentation ? L'enseignant, ou l'intervenant, doit accepter l'idée qu'il est normal que des gens jeunes ou très jeunes dessinent avec des perspectives et des ellipses qui ne sont pas celles d'un film professionnel adulte ou d'une émission de télévision, et que raconter une histoire avec des images et des sons, en gérer à la fois le découpage et la mise en scène, les rythmes et les significations, relève d'une extraordinaire complexité dont il est bien normal qu'elle demande des années de maturation. Juger de la réussite d'un film de CE 2, ou même de Seconde, ne saurait relever, sauf tour de passe-passe, des mêmes critères que juger de celle d'un court métrage professionnel d'adulte. C'est autre chose que l'on doit évaluer : l'engagement dans un processus, la cohérence de ce processus, le fait que quelqu'un a réellement fait ces choix et les a mis à l'épreuve de la réalité du tournage ou du montage. Bref, qu'il y a eu une expérience, et que cette expérience a réellement appris quelque chose, par d'autres voies que celles de l'enseignement au sens classique du terme.

Le danger de la peur de l'échec ne doit pas conduire au dressage, à la soumission devant les pseudo-règles esthétiques ou langagières qui régulent la communication. Car après tout, quand Godard réalise *Éloge de l'amour*, ou Manoel de Oliveira *Inquiétude*, le spectateur a aussi du mal à « comprendre » le scénario et encore plus l'éventuel « message ». Même si chez eux, qui ont fait antérieurement des films devenus depuis limpides, ce n'est pas la maladresse qui induit cette part d'opacité ou de trouble dans la communication, mais une haute idée qu'ils se font, l'un comme l'autre, de leur art. Il y a dans tout film réellement créatif quelque chose qui fait énigme, qui résiste, qui n'est pas encore totalement assimilable, lisible, en tout cas au moment de son surgissement. Cela a été le cas de films qui nous apparaissent aujourd'hui comme aussi « évidents » que *La Règle du jeu* de Jean Renoir, *Gertrud* de Dreyer ou *Le Mépris* du même Jean-Luc Godard. Et peut-être, après tout, est-ce quelque chose du même ordre qui vient empêcher le spectateur d'*Éloge de l'amour* et celui d'un film réalisé par une classe de CE 2 de « comprendre l'histoire ». Godard aussi, d'une certaine façon, a tellement travaillé pendant des années son scénario, a tellement ressassé son film avant et après le tournage, qu'il n'a plus vraiment besoin ni envie de le raconter, et qu'il n'en filme plus que des morceaux bruts, sans le liant narratif et l'enchaînement des causes à effets qui est l'obsession des productions standards.

Il existe en France des écoles privées de cinéma où l'on apprend de façon accélérée à devenir un technicien semi-fini, à peu près vendable sur le marché du travail, mais où l'on ôte toute chance à l'étudiant de devenir un jour un tant soit peu le « sujet » pensant et sentant de sa propre pratique. On y fabrique en série de la « chair à télévision », au service des idées reçues en matière d'efficacité. On n'y enseigne strictement que les codes (sans jamais les interroger) qui permettront de devenir un technicien efficace : je pense à toutes les pseudo-règles indigènes de cadrage, par exemple, qui font le lit de l'académisme. Ces formations relèvent plus du dressage que d'une véritable pédagogie où il est de la plus haute importance que l'élève ou l'étudiant soit respecté en tant que sujet du geste de création, aussi modeste soit-il dans l'élaboration du film.

L'œuvre d'art n'est jamais cent pour cent efficace, désobéit aux règles académiques, revendique l'intuition créatrice et l'innovation contre les codes. Dès lors que le cinéaste est véritablement présent dans son œuvre, ces codes sont toujours quelque peu pervertis, tordus, voire pris à revers, et le film en devient nécessairement un peu plus opaque et résistant. La transparence de la communication ne devrait jamais être le dernier mot, même en matière de réalisation en milieu scolaire. Si l'on se donne pour objectif de socialiser pleinement cette pratique, et donc de faire un film qui soit lisible par tous et accessible à tous, on s'asservit nécessairement aux codes les plus dominants, les plus « gros », comme tout cinéaste qui a une visée de totale transparence pour rendre son film parfaitement digeste et immédiatement lisible par tous, sans zone de résistance ni reste. Et l'on court le risque du dressage, de l'efficacité à tous crins qui évacue une dimension essentielle du geste artistique, qui est la présence dans l'œuvre et à l'œuvre d'un sujet singulier.

Les confiscations de l'acte de création.

Cette perversion de la réalisation en milieu scolaire qui consiste à tout miser et tout organiser pour la « réussite » du résultat final, un objet-film réussi, séduisant, cent pour cent communiquant, entraîne souvent une confiscation de l'acte de création. Je ne parle pas ici de la confiscation banale, grossière, qui consiste pour un adulte à faire un film par procuration, sur le dos des élèves ou à leur place, cela existe mais reste tout à fait minoritaire et pathologique et ne vaut pas vraiment la peine qu'on s'y arrête. Car envers ces adultes là, sauf à être psychanalyste ou psychologue, il n'y a pas grand chose à faire sinon limiter les dégâts en les empêchant de trop sévir. Je me suis toujours méfié, simplement, des déclarations trop tonitruantes de ceux qui commencent par déclarer, alors que personne ne leur a rien demandé, que « ce sont les enfants qui ont tout fait ». D'autres, mieux dans leur peau et dans leur rôle, donc avec plus de chances d'être de bons pédagogues, font la part des choses entre ce qui vient des enfants et ce qui vient de la négociation qu'ils ont eue avec eux, voire ce qui vient d'eux-mêmes. Car il n'y a aucune raison, dans certaines phases du travail de création, que l'adulte n'intervienne pas en tant que tel, comme membre de la petite communauté qui est en train de réaliser un projet qu'il a impulsé. C'est un rapport normal de production au sein de toute équipe de cinéma. Tout réalisateur a ce dialogue avec son producteur, ses techniciens, ses acteurs. Il est toujours préférable que l'adulte fasse à l'occasion tel plan qui lui fait envie, de façon tout à fait loyale, assumée, comme une de ses contri-butions au film, à la manipulation qui consiste à faire faire par un enfant le plan que l'on aurait eu envie de faire soi-même. Il y a d'ailleurs toujours eu, dans certains arts, comme la peinture, un apprentissage direct qui consiste à regarder travailler le maître ou à peindre quelques morceaux de la toile qu'il a confiés aux apprentis de son atelier. C'est ce qui se passe encore en photo-graphie, au festival d'Arles par exemple, sous le nom de « workshop » : un « maître » de la photographie fait des photos devant des stagiaires qui le regardent travailler et vont s'essayer dans son sillage sur un sujet identique. On peut comprendre beaucoup de choses, en art, via cet apprentissage par observation et contagion directes, par le simple fait de regarder un artiste au travail. A regarder le reportage qu'un cinéaste japonais a réalisé pendant le tour-nage du *Vent nous emportera* d'Abbas Kiarostami (*Une semaine avec Kiarostami*)[1], on comprend immédiatement, par observation directe d'un créateur de cinéma au travail, pourquoi son œuvre ne ressemble aujourd'hui à aucune autre. Il suffit de voir le climat qui règne sur ce tournage, les relations qui s'y tissent jour après jour entre l'enfant, le réalisateur et l'acteur adulte, d'assister à la lente mise en place d'un plan au bord de la petite rivière, pour sentir ce qui fait ensuite, sur l'écran, la singularité de ce film et de ce cinéaste.

Voir un artiste créer ne saurait évidemment donner la clé intime de la création mais permet de comprendre comment tel artiste regarde, se met au travail, se comporte par rapport à la création elle-même. Regarder Matisse peindre ne pouvait donner la clé du mystère de sa création, mais l'attitude de Matisse devant son motif, son modèle, ses tubes, sa palette, cela devait apprendre beaucoup sur son geste de création. Au cours de mes « années-*Cahiers* », je suis souvent allé voir des cinéastes travailler et contrairement aux idées reçues, je pense avoir beaucoup appris et compris de cette simple observation silencieuse, de biais, même si l'essentiel, le cœur même de la création, n'appartient pas à l'ordre du visible. J'ai eu une tout autre approche critique et analytique des films de Godard après l'avoir vu au travail – même si ce qu'il avait dans la tête à ce moment-là m'était tout à fait opaque et énigmatique – pour avoir capté quelque chose du créateur qu'il est, ne serait-ce que dans son mode d'être avec les techniciens, les acteurs, les machines, le temps du tournage.

C'est une forme de transmission qui est peu usitée à l'école, car elle ne passe pas par de la parole, de la rationalité. Il y a pourtant quelque chose qui peut se transmettre assez directement dans une expérience comme, par exemple, voir tenir une caméra, régler un cadre. Ceci à condition de mettre ceux qui regardent dans un état d'observation aiguë. C'est sans doute une voie à repenser quelque peu dans le système éducatif, dès lors que c'est l'art qui est au centre de la transmission. Pourquoi ne pas laisser parfois le professionnel intervenant faire son travail, en homme de métier, en le regardant et en l'écoutant simplement commenter ses gestes et ses décisions ?

La forme la plus sournoise de confiscation de l'expérience, dans le passage à l'acte en milieu scolaire, est liée à une mauvaise évaluation ou une surévaluation des forces et du temps dont on dispose. C'est ce qui se passe chaque fois que le projet de réalisation est trop ambitieux – en terme de durée – par rapport aux conditions réelles de réalisation. On a écrit un film de quinze minutes alors que l'on dispose, déjà difficilement arrachées à un emploi du temps contraignant, de deux demi-journées de tournage et de quatre heures de montage dont la première sera perdue à résoudre des problèmes de transport, de clés et de câblage. Quand on réalisera que l'on a présumé de ses forces, et surtout de ce que l'on peut réellement faire dans ce temps donné, il sera trop tard. Chacun, dans le groupe, mettra son point d'honneur à finir le film tel qu'il avait été prévu, et l'urgence va escamoter l'expérience. Le film à finir impose sa tyrannie à tous. Personne ne contrôle plus rien, n'a plus le temps de réfléchir un tant soit peu à ce qui est en train de se passer, et qui obéit aveuglement à un pur stakhanovisme du rendement. Il n'y a plus aucune garantie que quiconque fasse la moindre expérience de création. En terme d'acte de création, en milieu scolaire, ce n'est pas parce qu'un film existe, ni même parce qu'il est applaudi, que *quelqu'un* l'a fait.

Les bons cinéastes sont ceux qui ne se trompent pas de film par rapport aux conditions réelles de production qui sont les leurs. Même en situation scolaire, il faut avoir une pensée de l'économie générale du petit film que l'on a entrepris, cela aussi fait partie d'une éducation au faire en cinéma. Au lieu de rêver un film que l'on n'aura pas le temps de réaliser dans de bonnes conditions, il vaut mieux élaborer ensemble un petit plan de travail où l'on mesurera le temps réel de tournage dont on va disposer, par exemple, en une après-midi ou l'on doit tourner dans deux décors différents distants. Combien de temps de tournage réel va-t-il rester par décor, si l'on décompte le temps des déplacements et de l'installation ? C'est la seule façon de voir noir sur blanc si l'on est devant un projet beaucoup trop ambitieux par rapport aux conditions réelles dont on dispose. Au cinéma, plus encore que dans d'autres arts, la capacité d'évaluer le temps et les énergies réclamés par le projet de film fait partie de l'intelligence générale du processus de création.

Court métrage ou morceau de long ?

Le modèle dominant, dans la réalisation en milieu scolaire, est tout naturellement le court métrage, qui semble à peu près le seul praticable. Le court métrage devrait être le lieu de la plus grande liberté puisque apparemment c'est un genre à moindre contrainte, contrairement au long métrage institué doit durer une heure trente, raconter une histoire et sortir dans les salles. En réalité, le court métrage oscille entre liberté et surcodage. La pédagogie aime bien, généralement, ce qui est surcodé, et qui donne des prises faciles et convaincantes au décodage. Du coup on pourrait penser que le court-métrage est le bon format dans un cadre scolaire, et que sa durée réduite facilite aussi bien l'analyse en classe que le passage à la réalisation. Ce n'est pourtant pas aussi simple.

Historiquement, le court métrage d'apprentissage (que sont censés faire les élèves) a longtemps été l'occasion de se frotter au cinéma car personne ne peut être sûr de son désir de cinéma avant de l'avoir expérimenté. Cela a été le cas des cinéastes de la Nouvelle Vague qui se sont essayés à faire des courts métrages pour chercher leur style. Leurs films étaient souvent maladroits, bricolés, mais contenaient déjà l'essentiel de leur conception du cinéma. Ils apprenaient ensemble à faire du cinéma, *leur* cinéma, en relative liberté, sans trop se soucier, à ce moment de formation, du public. Le cas d'*Histoire d'eau* est exemplaire : Truffaut saute sur l'occasion que lui offre une inondation dans la banlieue parisienne pour filmer à toute vitesse, avec une caméra et un peu de pellicule fournies par le producteur Pierre Braunberger, des plans improvisés avec deux acteurs et une voiture. Godard s'empare ensuite de ces rushes qu'il n'a pas tournés pour écrire a posteriori des dialogues et un commentaire pétillants, et en faire un montage vif et plein d'inventions. C'est visiblement d'apprentissage gai et ludique qu'il s'agit dans ce passage de relais entre réalisateurs débutants.

Aujourd'hui le court métrage est devenu trop souvent un genre hyper-codé, volontiers « nouveau riche », pratiqué par des petits malins dont le désir premier est de se faire une carte de visite pour aller séduire une chaîne de télévision. Le film « carte de visite » est le contraire, à mes yeux, de ce que devrait être le film d'apprentissage ou le film réalisé en classe. La plupart de ces films formatés ont un aspect « m'as-tu-vu » plutôt déplaisant. Les scénarios doivent être brillants, les fins à chute, les storyboards alambiqués, les angles bizarres, la lumière visible, les mouvements de caméra virtuoses : chaque plan semble là pour dire avant tout : « regardez ce que je sais faire ». Cette exhibition vaut souvent aussi pour le jeu des acteurs qui est volontiers excessif, qui souligne le trait. C'est en réalité une manière de contourner les vraies difficultés du cinéma. « Ce qui est vraiment difficile, c'est de faire asseoir deux acteurs face à face et de les faire jouer un long dialogue de façon juste et émouvante ». J'ai beaucoup repensé à cette phrase de Scorsese, que je cite ici de mémoire, en voyant *Eyes Wide Shut* comme film-testament d'un cinéaste, Stanley Kubrick, qui fut l'un des plus virtuoses du siècle et qui se confronte dans son œuvre ultime à ces scènes apparemment minimales : un homme et une femme dialoguant longuement dans leur appartement. Devant les courts métrages de type « carte de visite m'as-tu-vu », on se dit qu'il est beaucoup plus facile d'établir des stratégies de fuite et d'évitement que de se confronter aux véritables difficultés de l'acte de création au cinéma. Le résultat, c'est parfois un court métrage dit « brillant », éventuellement prédateur de prix dans les festivals, mais où rien ne prouve que son auteur ait appris quelque chose en le faisant, sinon à se protéger. Toute pédagogie du passage à l'acte devrait se défier de ce modèle, si elle entend tenir le cap qui doit rester le sien. Ce type de court métrage met à jour un problème qui concerne directement, aujourd'hui, les productions d'élèves des sections cinéma. Que juge-t-on lorsque les élèves réalisent un film en situation didactique : l'objet ou le processus ? Les options cinéma ont parfois généré, elles aussi, des dérives du type « films cartes de visite », même si c'est pour la bonne cause de présenter cette carte de visite aux examinateurs du bac.

L'un des dangers majeurs du court métrage réalisé en situation pédagogique est l'aplatissement des personnages. Beaucoup de personnages des films

courts ressemblent trop à des vignettes à deux dimensions de bande dessinée, sont seulement définis par les quelques pauvres traits qui vont être utiles
dans un scénario de quelques minutes, et manquent trop souvent d'une
épaisseur d'existence. Il n'y a pourtant aucune raison sérieuse pour que les
personnages n'existent pas autant dans un film court que dans un long
métrage. Ce n'est pas un problème de dimension : quand un cinéaste sait filmer un personnage avec toute son épaisseur et son passé, ce personnage
existe dès le premier plan, même si le film ne dit rien de ce qui constitue sa
vie actuelle et passée. Ce qui fait défaut, dans le modèle court-métragiste
dominant, c'est l'idée même qu'un personnage puisse avoir de la réserve, que
l'on ne sache pas tout sur lui, qu'il puisse garder une part de mystère, qu'il
soit censé avoir une existence plus large que sa courte existence scénarique.
Manque aussi souvent au court métrage standard le sentiment du temps, qui
ne devrait pas non plus être fonction du format du film. On peut faire un film
de cinq minutes où le temps existe, où l'on sent qu'il y a un présent des plans,
et que ces plans sont pris dans un temps vivant. Dans beaucoup de courts
métrages de la démonstration de maîtrise, qui montrent leurs plans storyboardés
comme d'autres exhibent leurs muscles bodybuildés, le temps est souvent inexistant ou aplati. Raconter, signifier, devient l'objectif majeur et le sentiment du
temps est écrasé par le poids d'une volonté exclusive d'énonciation. La durée
du film ne change rien à l'affaire : on peut faire du vrai cinéma en un plan
comme il peut y avoir de la grâce dans un seul beau geste, et du cinéma
« gonflette » en une heure et demie de vains efforts disgracieux. Le sentiment
du temps et du rythme relève d'une écoute musicale des rythmes multiples
qui entrent en jeu dans chaque plan, d'une attention qui s'accommode mal
de la pure crispation sur la maîtrise. C'est une petite musique qui d'abord
s'écoute, et requiert pour le cinéaste une capacité de s'oublier comme sujet
de la maîtrise à certains moments de l'acte de création.

Tout ceci, qui fait souvent problème dans le court métrage, pose d'importants
défis à la situation pédagogique. Les films faits dans et pour l'institution scolaire sont souvent « truqués » à cause de cette situation même, qu'il nous faut
pourtant bel et bien assumer. Ce sont des films qui ont rarement une vraie
liberté – sans laquelle il n'est pas d'acte de création véritable – parce que personne ne peut prendre cette liberté, ni les enseignants, ni les élèves. On est
presque inévitablement, en situation didactique, dans la démonstration de la
maîtrise, donc en danger permanent de faire du cinéma « forcé ». Comment
faire passer en pédagogie que l'important est qu'il y ait de la vie dans un plan,
et que la vie ne se laisse pas capter si facilement que l'on produit du sens ?
Qu'il ne suffit pas de filmer pour qu'il y ait quelque chose de réellement inscrit sur l'écran ? Comment faire comprendre que l'essentiel au cinéma c'est

le rythme, et que les personnages doivent donner l'impression d'être libres, d'échapper aux déterminations du scénario, et d'inventer ou de découvrir leur vie à chaque plan ?

Le pédagogue transmet des outils d'analyse et de maîtrise, donc finalement du code. Mais quand ces outils de maîtrise se retournent contre la nature même de ce qu'on essaie d'enseigner, le danger est grand de trahir cela même que l'on a aimé dans le cinéma, comme le font trop de courts métrages conçus comme course au résultat et obsédés d'efficacité. J'en suis venu à penser, aujourd'hui, qu'il vaudrait mieux que nos élèves fassent vraiment un plan, parfois, mais comme une expérience intime, plutôt que vingt minutes où ils n'ont rien éprouvé de ce qui constitue la vraie nature de l'acte de création au cinéma.

Tourner un morceau court d'un film « virtuel » plus long peut être pédagogiquement plus profitable que de se plier aux contraintes castratrices du film court dans sa forme festivalière « prix du public ». La qualité de l'expérience de réalisation réside en une seule question : est-ce que l'on s'est vraiment confronté au cinéma ? est-ce qu'après avoir fait cette expérience on en sait un peu plus, intimement, sur son désir et ses capacités de cinéma ? C'est dans une université où les étudiants pouvaient réaliser des petits films que j'ai imaginé un jour cette stratégie de leur proposer de tourner dix minutes d'un long métrage plutôt qu'un court métrage de dix minutes. Cela changeait tout : ils devaient penser une histoire se déployant virtuellement sur une heure et demie de film, des personnages qui devaient tenir la route sur la longueur d'un long-métrage, et une temporalité à cette échelle. Les dix minutes à tourner étaient de préférence choisies plutôt au milieu du film, quand le film était censé tourner à plein régime, si j'ose dire. Ils se retrouvaient ainsi à filmer des personnages qui étaient supposés avoir une existence avant et après les scènes tournées. En tant que spectateur, l'expérience est facile à faire de comparer cinq minutes prélevées au milieu d'un long métrage et un court-métrage de cinq minutes : l'épaisseur d'existence de tout ce qui fait un film est neuf fois sur dix considérablement plus riche dans l'extrait de film. La puissance d'évocation imaginaire est incomparable : ce qui n'est pas visible dans l'extrait y est quand même mystérieusement présent et emporte des résonances profondes qui sont souvent absentes du film court. Rien n'empêche, au moment de la diffusion devant les parents ou un autre public, de raconter le scénario du film entier, ou d'en distribuer le résumé. Ainsi chaque spectateur saura que ces trois scènes-là sont à apprécier comme un morceau d'un film plus long. Ce qui est montré est affiché du coup comme une trace d'apprentissage et non comme « produit fini ». L'attente, enfin, ne sera plus celle, stéréotypée, de ce que doit être un court métrage de concours ou de festival. Ce qui évitera peut-être les sempiternels scénarios à chute, les grossissements caricaturaux du trait, les personnages stéréotypés et sans réserve, le traitement du temps inexistant, sacrifié à la seule narration. Ce qui n'est pas filmé enrichit ce qui l'a été.

Fragment/totalité, côté passage à l'acte.

Une des difficultés majeures, dans une pédagogie du passage à l'acte, consiste dans la pensée de la totalité et du fragment qu'engage toute réalisation au cinéma.

La phase de repérage est symptomatique de cette difficulté. La naïveté spontanée consiste à choisir un décor, par exemple ce café particulier, parce qu'il me semble convenir parfaitement au climat dont j'ai besoin pour ma scène. Le cinéaste amateur, ou débutant, risque de découvrir trop tard, quand il aura monté son film, que l'atmosphère qui l'avait séduit lors des repérages est totalement absente de sa scène. Pour une raison simple et évidente, mais dont le débutant découvre souvent l'évidence par la déception et l'échec : au repérage, quand j'entre dans un café, j'en perçois globalement l'atmosphère, l'espace d'ensemble, une certaine émotion qu'il dégage, sans la décomposer dans ses éléments partiels (les sons, les objets, les couleurs, les lumières) qui ont pourtant constitué instantanément ma perception globale de ce possible décor. Au tournage – outre que le simple fait qu'il y ait tournage risque de perturber cette atmosphère « naturelle », surtout si l'on crie « silence » pour la clarté des dialogues – je ne vais capter avec la caméra et le micro, qu'une partie de ces éléments, selon les angles choisis dans le découpage de ma scène et les points d'écoute dont j'ai besoin. Après montage, un grand nombre d'éléments constitutifs de l'atmosphère perçue lors du repérage seront absents de la scène et un nouveau café, inconnu, va apparaître, celui qui est reconstitué par les sensations partielles que j'ai enregistrées à partir de ce vrai café. Le café filmé et monté est toujours un *autre* café, qui n'existe pas dans la réalité. Cela, quand ce n'est pas maîtrisé, peut être la source de bien des déceptions.
.

Il y a là des possibilités d'exercices simples : chaque élève, par exemple, peut être convié à rendre compte en trois plans fixes, avec un objectif correspondant à peu près à la vision humaine (type 50 mm avec un rapport 24x36), de l'atmosphère générale d'un lieu abondant et complexe en perceptions et en sensations. Si la même règle s'applique à tous pour le même lieu (la gare, par exemple, ou une place de la ville) la comparaison des propositions individuelles s'avérera attentive et fructueuse, chacun ayant eu à affronter les mêmes difficultés que les autres dont ils voient les propositions.

On rencontre souvent, à propos de ce qui reste d'un décor une fois que la scène l'a débité en plans, une tension majeure du geste de filmer entre *montrer* et *raconter*. Quand on repère un lieu, on le perçoit en tant qu'espace, atmosphère générale, en tant que décor précisément, mais quand on découpe la scène qui doit s'y dérouler, on le fait le plus souvent en fonction de ce que la scène a à raconter, de sa dramaturgie en quelque sorte. La difficulté est toujours grande – même pour un cinéaste de métier – de penser en même temps le découpage comme exigence du « raconter », de structurer des relations entre les personnages, de la construction du sens, et comme décomposition-recomposition d'un lieu, d'un espace, d'une ambiance. Dans un scène de café, par exemple, dont l'enjeu est la jalousie (un garçon assis à un table voir entrer sa copine avec un rival), le découpage sera sans doute construit sur cet axe regardeur-regardé. Il se peut que dans cet axe, on ne voie jamais le comptoir, par exemple, ni le coin des jeux électroniques, et que ces angles morts pour le film constituent une part essentielle de l'atmosphère pour laquelle ce café avait été choisi.

La solution pauvre, un peu « scolaire » au mauvais sens du terme, consiste trop souvent à faire un plan d'ensemble comme plan de « situation » et d'ambiance avant de passer au découpage qui n'a plus qu'à construire le sens dramatique de la scène. Il est plus difficile, mais presque indispensable en terme d'apprentissage, de faire passer l'idée que le découpage est pris en permanence dans une tension entre ces deux exigences du *montrer* et du *raconter*. On peut imaginer là aussi des exercices profitables, à partir d'un lieu unique et d'une même situation scénarique simple, où chaque élève doit réaliser un découpage en quatre plans prenant en compte en même temps la narration et la reconstitution de l'espace. Pour aborder la problématique « espace réel/espace filmé », dans le cadre de *Cinéma, cent ans de jeunesse*, on a imaginé l'exercice de filmage suivant : à partir du décor et de l'espace de l'établissement scolaire, tout à fait familier à chacun des participants, chaque élève (ou petit groupe d'élèves) devait « inventer » un espace nouveau, construit à partir d'un scénario de type déplacement, poursuite, etc. La règle du jeu était que le spectateur qui ne connaîtrait pas les lieux réels (c'est pratiquement toujours le cas du spectateur au cinéma) puisse se construire mentalement, au fur et à mesure des raccords des plans enchaînés par la logique du scénario, une représentation spatiale du lieu, vraisemblable et cohérente, mais absolument fausse par rapport à la réalité. Cet exercice permet de réaliser, mieux qu'avec un long discours, que l'espace filmé en plusieurs plans dans un lieu existant crée toujours, au montage, un autre espace à partir de cet espace réel, et que cet espace reconstitué est pour le spectateur le seul qui existe et qui compte.

Cette question de la totalité et de fragment se pose aussi de façon cruciale par rapport à l'action dramatique elle-même. La notion de plan et de découpage n'est pas « naturelle » pour des enfants, surtout petits, même s'ils sont grands consommateurs de films. Leur « innocence » de spectateur leur fait percevoir l'enchaînement des plans comme un flux relativement continu, même s'ils savent bien par ailleurs qu'il y a des changements de plans et de taille des plans. Mais le cinéma classique, après tout, a élaboré toutes ses règles de montage et de raccords afin de fluidifier le flux des plans et de faire oublier le plus possible aux spectateurs, à tous les spectateurs, la discontinuité constitutive du film. Et même l'adulte le plus averti, qui est intellectuellement conscient du découpage des films, se laisse emporter par le flux des images dès lors qu'il entre dans le jeu du film et de sa fiction. Le régime de « je sais bien mais quand même » est le seul bon régime possible pour le spectateur, et son savoir sur le film ne l'empêche pas de redevenir un spectateur « innocent » pendant la projection, en tout cas la première fois où il voit un film, et d'en oublier quelque peu la discontinuité. Personne, même le plus averti des spectateurs, ne peut avoir conscience de tous les plans qui constituent un film, ni même une seule séquence.

Là encore, il y a un fossé entre ce que les élèves ont compris de cette question de la fragmentation du film en plans et ce qu'ils peuvent mobiliser de ce savoir au moment du passage à l'acte de réalisation. Ce n'est pas parce que l'on a travaillé sur le découpage en plans de certaines séquences analysées en classe que le besoin de découper sera plus spontané dès lors que l'on sera en position de filmer. Devant une situation scénarisée, la première proposition des élèves, surtout très jeunes, consiste à poser la caméra à un endroit où elle puisse tout voir, et faire jouer la scène en continuité devant cette caméra. Ce qui donne le plus souvent une scène incompréhensible pour le spectateur : on est trop loin, on ne distingue ni les gestes ni les regards, les acteurs se masquent les uns les autres, et souvent, à cause de la distance, les dialogues sont à peu près inaudibles.

Comment aider à la prise de conscience de cette nécessité de découper la scène pour la rendre visible, audible et intelligible ? Un chef-opérateur (Jean-Luc Lhuillier) a mis au point avec des élèves d'un lycée professionnel de filles, peu familiarisées avec le cinéma, une méthode tout à fait pragmatique qui me semble beaucoup plus juste, en terme d'apprentissage véritable, que de faire dessiner par les élèves un story-board *a priori*, sans qu'ils en aient forcément éprouvé la nécessité. Il laisse d'abord le groupe mettre en scène la scène dans l'espace, sans trop intervenir sur les problèmes de visibilité et de lisibilité que pose cette mise en place souvent très approximative, et qui ne tient pas vraiment compte du point de vue. Ensuite, il confie un appareil photo numérique à une élève en lui disant de faire quatre photos de la scène, comme si elle voulait la raconter avec ces quatre images. Une fois que les photos ont été prises pendant que les « acteurs » jouaient la scène, on les regarde en groupe pour voir si elles permettent de voir et de comprendre le scénario. Ce n'est générale-ment pas le cas, et l'on cherche alors à analyser pourquoi : parce que l'appareil photo n'était pas à la bonne place, à la bonne distance et dans le bon axe, mais aussi parce que la mise en place des acteurs, la disposition n'étaient pas la bonne, ou que les acteurs jouaient trop mal. On peut recommencer l'exercice après cette étape de réflexion, et peu à peu on va arriver par tâtonnements et analyse immédiate des résultats à une amélioration rapide de la disposition, de l'attaque et du découpage. L'intérêt de l'appareil photo numérique (ou de la caméra mini DV utilisée en mode photo, ce qui revient au même) est évidemment que les photos prises au cours de cet exercice d'approche ne coûtent rien, qu'on peut les voir et les commenter instantanément, en groupe, sur un téléviseur. La photo a évidemment l'avantage sur l'image animée, à ce moment-là du processus, d'obliger à penser un découpage, et à se reposer à chaque image la question du point de vue, de l'axe et de la distance.

De la préparation au tournage.

La pratique mal comprise du storyboard peut se révéler pédagogiquement désastreuse lorsque cet outil vient dévoyer l'expérience du passage à l'acte pour mieux en colmater la peur. Il faut commencer par affirmer haut et fort que le storyboard est une pratique minoritaire dans le «vrai» cinéma, où il concerne surtout les grosses productions nécessitant la construction de décors en studio, ou des trucages, ou encore la présence de plusieurs équipes. Dans les conditions normales, la plupart des cinéastes font à l'occasion quelques croquis de plans mais peu arrivent sur le tournage avec tous leurs plans minutieusement pré-dessinés. Sauf en cas de contraintes lourdes, un cinéaste qui commence sa journée de tournage arrive sur le décor avec quelques idées de base sur ses axes et son découpage mais décide à ce moment-là, *in situ*, en fonction du temps dont il dispose et de la réalité du tournage telle qu'elle se présente ce jour-là, du découpage de sa scène, du choix de ses axes et de ses cadres.

Il vaut mieux apprendre à appréhender d'abord globalement la scène, l'espace et ses contraintes, les grands axes, les choix d'ensemble, avant de passer au découpage plan à plan. Aucun cinéaste ne pense d'abord plan à plan. L'intelligence du cinéaste réside dans cette capacité à trouver les bonnes solutions de mise en scène au croisement de son idée préconçue de la scène à tourner (le « programme » scénarique de la scène, si l'on veut, ce qui l'a rendue nécessaire dans le scénario d'ensemble) et des conditions réelles de ce jour-là de tournage. Elles vont de la météorologie à l'humeur des acteurs au temps de travail prévu pour engranger la totalité des plans qui vont constituer cette scène. Un bon cinéaste doit être capable de cette souplesse dialectique entre sa scène imaginaire et la réalité des conditions de sa mise en scène. Puisque la belle contrainte du cinéma est de devoir tenir compte chaque jour et pour chaque plan du réel, la négociation de cette rencontre fait partie des qualités majeures et indispensables à tout cinéaste.

L'aspect souvent spectaculaire des storyboards publiés ou exhibés dans les bonus de DVD les rend tout à fait fascinants aux yeux des enfants et des adolescents. Mais ils sont le plus souvent le fait de dessinateurs de métier qui leur donnent le côté séduisant et prestigieux d'une bande dessinée parfaitement exécutée. Ce qui suppose une parfaite maîtrise du dessin qu'un enfant, sauf exception, ne saurait avoir à huit ou dix ans. Ni même un adulte d'ailleurs. Les cinéastes capables de dessiner eux-mêmes un storyboard publiable comme œuvre graphique autonome sont très rares. Il y a des grands cinéastes, comme Godard, dont les films prouvent à chaque plan la puissance figurative et l'invention visuelle et qui sont pourtant de piètres dessinateurs, contrairement à un Eisenstein ou un Fellini qui sont peut-être de brillantes exceptions.

L'absurdité d'un usage trop précoce du storyboard réside dans le fait de demander à un enfant d'imaginer un plan à l'avance, loin du décor où il va se tourner — ce qui est déjà difficile, même pour un adulte — et de donner forme à cette image imaginée avec un instrument, le dessin, dont il possède très mal les codes et la technique. Pour résoudre un problème, on leur en pose un deuxième. Au tournage, ensuite, le risque majeur est celui de vouloir à tout prix exécuter le dessin prévu en restant fermé à ce que propose de neuf et de différent le réel. Comment un enfant peut-il imaginer, dans la salle de classe, la lumière qu'il va rencontrer sur le décor ? Quel cinéaste serait celui qui ne tiendrait pas compte, pour sa mise en scène et son cadre, de cette lumière qui donne sa matière sensible à l'image ?

En pédagogie de la création, un storyboard n'a de sens qu'à être considéré comme une pré-formalisation possible parmi d'autres, et pas forcément la meilleure selon les conditions de tournage et la nature du projet. Le film n'a pas à en être le décalque ni l'exécution. Les cinéastes, d'ailleurs, utilisent plus communément le plan au sol de la scène, où sont visibles de façon plus synthétique que dans un storyboard les places de la caméra, les grands axes choisis pour la prise de vue et les angles morts, invisibles à l'écran, de la scène.

La véritable intelligence de ce qui se joue au tournage ne saurait jamais résider dans un respect absurde d'un storyboard, aussi parfait soit-il, surtout dans les conditions de réalisation qui sont celles de la situation pédagogique. Ce qui est en jeu, dans cette question du storyboard, c'est souvent la peur du pédagogue pour qui le storyboard joue le rôle de pare-angoisse devant le trou noir des décisions à prendre dans l'urgence au moment du tournage. Le prestige dont jouit le storyboard auprès des élèves est aussi cultivé par les médias à travers l'image du créateur tout-puissant « qui a déjà tout dans sa tête avant de commencer son film » et qui pousse à l'extrême la maniaquerie sadique dans l'exécution de son propre programme. L'école n'a pas forcément à conforter cette image tout à fait réductrice de l'acte de création au cinéma, et se doit d'en proposer d'autres.

Il doit y avoir un temps de la « prévision », où l'on réfléchit sur le découpage et les plans, mais il est impératif de ménager un temps d'imprégnation et de réflexion sur le décor même, avant de prendre les décisions qui seront définitivement inscrites dans le film. Jean Renoir n'a cessé de répéter qu'au cinéma il faut être passif avant d'être actif : « Je crois que c'est la règle numéro un en art, quel que soit l'art. C'est de permettre aux éléments de l'entourage de vous conquérir et puis, après ça, on arrivera peut-être à les conquérir mais il faut d'abord qu'ils vous conquièrent. Il faut d'abord être passif avant d'être actif. »[2] La meilleure attitude, quand une équipe d'enfants arrive sur un décor pour y tourner la scène à laquelle ils ont déjà réfléchi en classe, est de commencer par prendre le temps de regarder, de s'imprégner de ce que ce lieu, cette lumière, peuvent apporter de neuf à l'idée préconçue que l'on s'était faite de cette scène. Cela peut être une bonne tactique de demander aux élèves de regarder et d'écouter en silence pendant quelques minutes, avant toute chose. Ensuite seulement, on peut commencer à faire évoluer les « acteurs » dans ce décor pour voir, là aussi, ce qui améliorera l'idée initiale que l'on se faisait de leurs postures et déplacements. Enfin, plutôt que de suivre à la lettre le découpage plan par plan inscrit sur le papier, on peut réfléchir utilement aux axes majeurs qui seront ceux du filmage de la scène, mais qui prendront en compte ce que l'on ne pouvait pré-voir et ce qui participe de l'ici et maintenant du tournage. On dessine souvent plus utilement à ce moment-là, sur le décor même, qu'on ne l'a fait abstraitement dans la classe. Tout ce dont je parle n'a rien à voir avec je ne sais quelle « improvisation », c'est simplement la part normale de prise en compte du réel qui doit être celle de tout acte de création cinématographique, même le plus minutieusement préparé et le plus ferme dans ses choix. C'est en respectant ces conditions « d'écoute » du réel que le tournage ne sera pas une simple simulation de passage à l'acte.

Le temps du sensible.

L'autre enjeu, de taille, au moment du tournage, est l'indispensable prise en compte de tout ce qui relève du perceptif et des sensations, aussi bien au son qu'à l'image. La préparation a pris en compte le découpage et les cadrages, c'est-à-dire finalement la forme comme structure de sens plus que la matière sensible du plan. En situation scolaire, on risque, si l'on s'en tient au découpage ou au *storyboard* (qui détermineront en gros le cadre et le point de vue de chaque plan), de rater tout ce qui relève de la perception dans un plan de cinéma : la lumière, les matières, les rythmes internes du déplacement des acteurs, le grain sonore, bref tout ce qui relève du sensible plus que du sens. Il est de toute première urgence, si l'on entend vraiment transmettre le cinéma comme art, de ne plus continuer à privilégier la dimension langagière au détriment de cette approche sensible. Walter Benjamin citait dans une lettre cette phrase à laquelle il souscrivait entièrement : « Un musée, réellement *éducatif*, aura pour premier but d'affiner nos perceptions. »[3]

C'est devenu d'autant plus nécessaire aujourd'hui que les nouveaux outils de prise de vues et de sons n'obligent plus, techniquement, à se poser les questions de base sur la lumière, le point, le diaphragme que les limites mêmes de la pellicule cinéma, par exemple, imposaient. Avec une mini-caméra DV, le filmeur dispose d'un réglage automatique du diaphragme et du point, d'un son direct digital performant, et surtout d'une sensibilité qui lui permet de filmer à peu près dans n'importe quelle lumière, même la nuit. Tous ces perfectionnements techniques ont été évidemment conçus pour un utilisateur grand-public qui doit obtenir en toutes circonstances des images et des sons acceptables sans avoir eu à se poser en amont la moindre question de choix esthétiques ni techniques. Ce n'est évidemment pas le cahier des charges de quelqu'un, enseignant ou professionnel du cinéma, qui entend faire prendre conscience des *choix de création*. Le déficit pédagogique inhérent aux performances de ces nouveaux appareils, c'est qu'il y aura toujours une image « visible », même si les élèves n'ont pas pensé une seconde à la lumière, là où naguère on aurait eu peur de se retrouver aux rushes avec un plan trop sombre ou trop flou inutilisable au montage, ce qui obligeait d'une certaine façon à se poser la question. Cela vaut aussi pour le point : il y aura toujours un point « moyen », une zone nette dans l'image, même si elle n'a pas été pensée ni choisie.

Je ne suis pas en train de regretter ici le moins du monde ces perfectionnements techniques dont les atouts pédagogiques sont globalement bien plus grands que les inconvénients. Ils doivent simplement être pris en compte par celui qui est en charge d'accompagner ce passage à l'acte : c'est à lui, et à lui seul dorénavant, de maintenir en permanence un niveau d'exigence sur tout ce qui constitue la matière sensible visuelle et sonore des plans tournés. Les nouveaux outils vont résorber rapidement beaucoup d'inhibitions et de peurs des enseignants devant l'aspect technique du passage à la réalisation, mais exigent inversement de l'adulte, intervenant ou enseignant, une vigilance encore plus grande sur la finalité de ce passage à l'acte. C'est là où un professionnel de l'image ou du son, intervenant dans une classe, peut amener une sensibilité précieuse pour « affiner les perceptions » des élèves sur une lumière, un jeu de couleurs, une matière sonore, à partir d'un système de valeurs qui est celui de son métier et qui peut éveiller le groupe à une plus grande acuité perceptive. Quand je parle de groupe, c'est celui constitué par les élèves *et* les enseignants, car même un enseignant de cinéma (en option cinéma, par exemple) a beaucoup à apprendre d'un homme ou d'une femme de métier qui déplie toute la finesse de sa perception d'un plan ou d'une scène, qu'une expérience quotidienne a aiguisée chez lui à l'extrême, et qui peut être contagieuse. Je me souviens d'une conférence très émouvante de Nestor Almendros rendant visible, à partir de diapositives de photogrammmes et de tableaux du Caravage, le travail de la lumière et des ombres au cinéma. Loin de toute intimidation technicienne, ce grand chef-opérateur donnait à chacun le sentiment que la lumière était avant tout une affaire de choix sensibles. C'est évidemment ce que l'on peut attendre de mieux d'un professionnel intervenant dans une classe : qu'il fasse passer la traduction technique de son geste après la sensibilisation à la nature même de la matière qu'il travaille, son, lumière, costume, décor, etc.

Les leurres de la création collective.

La question cruciale, la seule qui importe vraiment, finalement, est la suivante : peut-on faire une véritable expérience de création en classe, dans un cadre institutionnel ? À quelles conditions ?

La pratique de réalisation, en milieu scolaire, est toujours menacée d'escamoter l'expérience individuelle de l'acte de création, sans laquelle il n'y a pas création véritable.

On a trop chanté, en pédagogie, les vertus de la création cinématographique comme création collective. Tout est décrété pour le mieux – dans le meilleur des mondes pédagogiques possibles – quand chaque élève est censé avoir trouvé sa place dans ce supposé « collectif » du tournage, aux vertus de socialisation réputées immédiates et quasi automatiques. Ce mythe a la vie dure. Il faut dire d'abord qu'une véritable équipe de cinéma n'a rien d'une douce utopie anarchiste où chacun trouverait harmonieusement sa place selon sa compétence et son appétit de création. C'est une configuration fondée avant tout sur l'efficacité et le rendement, de type militaire, ultra hiérarchisée, chaque chef de section (image, son, décor, etc.) étant responsable de ses hommes et de la qualité de leur travail. Le fameux dialogue de création se limite en fait souvent à un dialogue entre « généraux » : réalisateur, chef-opérateur, acteurs, essentiellement. Un « machino » ou un « électro » donnent rarement leur avis artistique sur le film ou le plan en train de se faire, et il est rare qu'on le leur demande. La création cinématographique professionnelle standard n'a rien de collectif, même si elle nécessite un travail d'équipe le plus harmonieux possible.

Les tournages pseudo-collectifs de l'école reproduisent trop souvent – en mimant sans le savoir le modèle du « vrai » plateau – des hiérarchies qui ne sont pas professionnelles, et pour cause, mais des assignations déjà inscrites dans le groupe classe comme microcosme du groupe social : la plus jolie des fillettes sera naturellement actrice ou intervieweuse, le déjà-dominant réalisateur, la timide attentive scripte, le garçon dégourdi tiendra la caméra, etc. Le passage à l'acte de réalisation n'a évidemment de sens (véritablement éducatif) que s'il modifie ces schémas déjà inscrits dans les têtes dès la cour de l'école, comme nous l'a montré magistralement le film de Claire Simon, *Récréation*. Quelle expérience de la création fera celui ou celle qui, habitué à s'exposer le moins possible à cause des échecs déjà enregistrés en classe, choisira le poste de travail le plus « planqué » et le plus subalterne, celui où il sera le moins « à découvert » ? Car tout le monde n'a pas la même part de création, loin s'en faut, dans la division du travail d'une équipe de cinéma, même à l'école, et il ne sert à rien de faire semblant de le croire, sinon à reproduire en toute bonne conscience cette division du travail.

Si le passage à l'acte de création a un sens collectif, dans le système scolaire, ce ne peut être que de redistribuer quelque peu les cartes déjà trop jouées dans la classe et dans la société environnante entre les bons et les mauvais élèves, les forts et les faibles, ceux qui prennent la parole et ceux qui n'osent pas, les dominants et les dominés, les « héritiers » et les culturellement démunis, les « avec avenir » et les « sans avenir ». Je me méfie des exemples un peu trop miraculeux comme celui, canonique, de l'élève autiste qui se met à parler et à communiquer grâce à une réalisation de film, mais j'ai la conviction, pour en avoir eu souvent des preuves directes, que le fait de travailler à la réalisation d'un film peut être l'occasion et le déclencheur pour certains élèves, déjà assignés à une place et un comportement d'échec par l'institution, d'une restauration de la confiance en soi. A condition que la nouvelle « donne » que devrait constituer le passage à l'acte de réalisation ne soit pas escamotée par la reproduction des rôles déjà installés dans la classe, et ce n'est pas si facile, même avec la meilleure volonté de l'enseignant. Quand toutes les conditions de vigilance et d'attention sont réunies, le passage à l'acte de réalisation peut effectivement permettre à certains élèves en échec ou en retrait, de « reprendre la main » grâce à cette activité nouvelle, d'y révéler aux yeux de tous, pairs et enseignants, des qualités qui n'avaient pas trouvé jusque-là à s'exprimer, et de modifier l'image de soi, pour soi et pour les autres. L'approche du cinéma comme art implique, si elle est cohérente jusqu'au bout, la prise en considération par l'enseignant de qualités autres que celles qui trouvent à s'exprimer habituellement dans le système scolaire. Il y a une autre forme d'intelligence, de capacité de proposition, de mode d'expression de soi qui peut trouver à se révéler dans le passage à la réalisation, qui a le grand mérite d'ouvrir très largement le champ de ces nouveaux possibles pour chaque élève concerné. Ce champ peut aller de la capacité de « faire l'acteur » à celui de cadrer des acteurs en mouvement, en passant par celui d'écrire des dialogues rythmés et vivants, sonnant justes, ou de construire habilement un bout de décor avec des bouts de ficelle. Peu de pratiques artistiques ouvrent un tel nombre de portes nouvelles à qui l'école en a déjà fermé beaucoup. L'intervenant extérieur, dont les valeurs sont différentes et qui ne sait rien, lorsqu'il arrive, des hiérarchies et des ségrégations déjà installées dans la classe, peut jouer un rôle symbolique précieux en repérant, selon ses critères, des qualités nouvelles chez certains enfants jusque-là tenus à l'écart de toute légitimation.

Si l'on ne veut pas indexer trop rapidement les qualités artistiques d'un enfant ou d'un adolescent aux qualités d'expression qui sont celles déjà reconnues et transmises par l'école, l'écrit et le langage parlé, il faut que l'enseignant sache préserver une part de non-dit : l'art, c'est dire autrement, pas toujours avec des mots, et pas forcément selon la logique rationnelle. L'enseignant qui exige de l'élève qu'il justifie rationnellement et avec des mots tous ses choix de création joue son rôle d'enseignant, mais risque d'amputer l'acte de création d'une part essentielle qui est celle de l'intuition, du risque pris dans la solitude silencieuse de la décision, de l'engagement du sujet. Il y a une part de soi qui trouve à s'exprimer dans l'acte de création et qui est justement celle qui ne peut le faire par le recours à la logique déductive et au discours qui règnent en maître dans activités habituelles de la classe. Ignorer cette part, ou la nier, revient à amputer l'acte de création de quelque chose qui en est constitutif : l'intuition, le réflexe, l'inspiration. C'est souvent *après*, lorsque la réussite a sanctionné leur pratique, que se débloque pour certains élèves l'accès à la parole. Il leur fallait d'abord regagner la confiance en eux-mêmes par un geste.

Le moment individuel du passage à l'acte.

Il faut le redire encore : ce qui constitue véritablement l'acte de création est tout aussi solitaire au cinéma que dans les autres arts. Le cœur de l'acte de création est solitude et prise de risque, au cinéma aussi bien qu'en peinture ou en littérature. Même au milieu d'une équipe de soixante personnes, le cinéaste est absolument le seul à avoir en tête une idée du film à venir, et à parier que les choix partiels qu'il est en train d'opérer, au milieu de toute cette agitation et de ces contraintes, trouveront leur validité dans plusieurs semaines ou plusieurs mois lorsque le film commencera d'exister comme totalité. Le cinéma est un art du « trop-tard » où la part de pari dans l'instant est des plus fortes. Le talent du cinéaste, qui est souvent lié à son charisme personnel, est d'insuffler à tous les membres de l'équipe une image émotionnelle diffuse de ce que doit être le film à venir, d'agir par contagion plus que par explications, afin de créer une certaine harmonie dans l'idée que chacun se fait du film que le réalisateur a en tête et dont lui est confiée une parcelle. Cette parcelle sera plus ou moins visible, selon qu'il s'agit par exemple du travail de l'acteur, qui focalisera l'attention de tous les spectateurs, de celui du chef-opérateur que seule une partie du public remarquera, de celui du mixeur dont seule une infime minorité aura conscience, à celui du machiniste chargé de la tache extrêmement sensible et délicate de pousser le travelling, auquel personne ne pense – mais le film comme objet artistique accompli se constituera de toutes les traces laissées par ces gestes multiples. L'harmonie ou la disharmonie de l'ensemble dépendra souvent du climat que le cinéaste aura réussi, ou pas, à diffuser autour de lui et de son projet, à chaque phase et à chaque collaborateur de la création du film.

Il importe au plus haut point, à l'école ou au lycée, que chaque élève, individuellement, soit confronté au moins une fois à la pleine et totale responsabilité d'un geste de création, avec tout ce qu'il emporte de choix, d'esprit de décision, de pari, d'excitation et de tremblement. Et point n'est besoin pour cela que chacun fasse « son » film, ce qui serait évidemment impraticable en situation de groupe classe. Mais il faut ménager à tout prix, quelle que soit la situation pédagogique concrète, les deux temps de la création individuelle et de la création de groupe.

À un moment donné, chacun doit avoir la responsabilité entière et individuelle d'un geste de création : tourner un, deux ou trois plans, faire un raccord entre deux plans. Mais il faut qu'il en tranche seul tous les choix, qu'il en prenne personnellement tous les risques, en jouant la règle du jeu qui est commune à tous, mais sans avoir à se justifier devant personne au moment du passage à l'acte. Le temps de l'échange viendra plus tard, quand chacun montrera son plan ou son montage de trois plans aux autres. À ce moment-là, il ne s'agira pas pour l'enfant de mesurer ni d'évaluer son travail par rapport à celui des autres, mais de regarder attentivement comment les autres s'y sont pris, et le profit est grand quand on a été soi-même confronté aux mêmes choix, avec la même règle du jeu et la même marge de liberté.

J'ai eu l'occasion d'expérimenter pendant des années, dans le cadre de *Cinéma cent ans de jeunesse*, une stratégie pédagogique qui n'a cessé de faire ses preuves. Elle consiste à échelonner en deux temps le passage à l'acte de création.
Le premier temps est consacré à l'approche d'une grande question du cinéma, par exemple : espace réel/espace filmé. Cette approche se fait « par les deux bouts » : analyse de films et exercices de réalisation. Du côté de l'analyse, on regarde et on compare des séquences de films, choisies dans toute l'histoire du cinéma, qui mettent en jeu, de façon éclairante, la question de l'espace construit par le film. La prise de conscience et l'échange sur cette question ne naissent donc pas d'un discours asséné par l'enseignant ou l'intervenant mais d'abord de l'observation et de la comparaison de fragments de films. Parallèlement, côté passage à l'acte, on propose deux ou trois exercices —variables selon le niveau d'âge de la classe, leur degré de familiarité avec le cinéma, les conditions concrètes de réalisation – qui permettent à chacun de se confronter de façon simple à cette même question. J'ai déjà donné plus haut deux ou trois exemples de ces « exercices », où chacun se voit proposer une règle du jeu simple, par exemple : imaginer en trois plans une suture crédible de trois espaces de l'école qui sont en réalité séparés et non raccordés.
Ce n'est que dans un deuxième temps, quand chacun aura filmé, monté et montré aux autres ses trois plans, que l'on commencera à travailler sur une ou plusieurs réalisations de groupe où l'on apprendra à assumer « sa » responsabilité partielle dans un travail d'équipe.

Parfois, un plan suffit pour faire une expérience forte, inoubliable, de l'acte de création au cinéma, si les conditions de ce passage à l'acte sont soigneusement et rigoureusement définies et accompagnées. Une expérience conduite en 1995, toujours dans le même cadre, en a fourni la plus belle des preuves, un film composé d'une soixantaine de plans d'une minute réalisés en super-8 sonore couleurs par des jeunes de 10 à 18 ans, disséminés aux quatre coins de la France.[4] Chaque classe concernée a eu l'occasion, dans un premier temps, de découvrir sur grand écran des « vues » des frères et des opérateurs Lumière, et de s'imprégner de leur esprit et de leur dispositif. Ensuite, chaque élève a choisi et repéré le lieu, le jour et l'heure où il voulait tourner son « plan Lumière », sans aucune autre consigne que celle de respecter les conditions qui étaient celles de l'origine du cinéma : un plan fixe d'une minute, aucune possibilité de repentir. Chacun est alors parti faire son plan, risquer son lieu et sa minute, accompagné par un professionnel du cinéma, l'enseignant et des camarades « assistants ». Il faut avoir vu le sérieux et la gravité de ce moment où ils devaient décider de déclencher la caméra, l'angoisse et l'espoir devant tout ce qui pouvait arriver de bien et de mal pour *leur* plan au cours de cette minute fatidique, plus intense qu'aucune autre, où la caméra tournait.

Le cinéma est toujours jeune quand il repart vraiment du geste qui l'a fondé, de ses origines. Quand quelqu'un prend une caméra et se met face au réel pour une minute, dans un cadre fixe, en état d'extrême attention à tout ce qui va advenir, en retenant son souffle devant ce qu'il y a de sacré et d'irrémédiable dans le fait qu'une caméra capte la fragilité d'un instant, avec le sentiment grave que cette minute est unique et ne se reproduira jamais plus dans le cours des temps, le cinéma renaît pour celui-là comme au premier jour où une caméra a tourné. Quand on est dans ce qu'il y a de natif dans l'acte cinématographique, on est toujours le premier cinéaste, de Louis Lumière à un jeune homme ou une jeune fille d'aujourd'hui. Faire un plan c'est déjà être au cœur de l'acte cinématographique, découvrir qu'il y a dans l'acte brut de capter une minute du monde toute la puissance du cinéma, et surtout comprendre en retour que le monde est toujours surprenant, jamais tout à fait comme on l'attend ou le prévoit, qu'il a souvent plus d'imagination que celui qui filme, et que le cinéma est toujours plus fort que celui qui le fait. Ce que met en jeu, s'il est bien accompagné par un adulte respectueux de l'émotion de l'enfant qui l'accomplit, cet acte apparemment minuscule de faire un plan, c'est la merveilleuse humilité qui a été celle des opérateurs Lumière, mais aussi la sacralité que peut mettre un enfant ou un adolescent dans une « première fois » prise très au sérieux, comme une expérience inaugurale décisive

1. *A Week with Kiarostami*, film de Yuji Mohara (Slow Hand production).

2. Jean Renoir, *Entretiens et propos,* op. cit.

3. Lettre au sujet de Le Regard de Georges Salles, in Walter Benjamin, *Ecrits français,* op. cit.

4. *Jeunes lumières*, 60 minutes, 35 mm, produit par Le cinéma cent ans de jeunesse et Agat Films et Cie, 1995.

TABLE DES MATIÈRES

Achevé d'imprimer sur les presses
de l'imprimerie Herissey à Evreux,
en avril 2002
N° d'impression : 92197
Dépôt légal : avril 2002